中华先烈人物故事汇

黄继光

军事科学院解放军党史军史研究中心编写组

学习出版社

中华先烈人物故事汇——《黄继光》

主　编：陈秋波

副主编：李艳梅　邱　雷

编　委：王　冬　张容华　时文生
　　　　邢学民　王清晨　郭　宏

编　著：艾　蔻

目 录
Contents

引 子

在抗美援朝战争著名的上甘岭战役中，黄继光舍身堵枪眼的英雄壮举，激励了无数中华儿女，在中华民族自强不息、团结奋斗的伟大历史中，留下了辉煌的一页。

黄继光，1931年1月8日出生，四川省中江县石马乡人。1951年3月入伍，中国人民志愿军第十五军四十五师一三五团二营营部通信员。1952年10月20日，在抗美援朝战争上甘岭战役中壮烈牺牲。

黄继光从小饱尝艰难困苦。五六岁时就跟着小伙伴上山拾柴，跟父亲下地干活，12岁时父亲被地主逼死，母亲身体较弱，两个哥哥患病，他以自己年幼的肩膀扛起家里的大梁，他起早贪黑，给人挑脚力、给地主打工养活家人。他从不向恶势力低头，面对地主恶霸的刁难和欺辱，敢于奋起反抗。

1949年11月，中江县解放，黄继光积极加入民兵组织，勇敢地站在清匪反霸的斗争前沿，用自己的胆识与智谋斗地主、擒恶霸，深受群众好评，多次被评为先进模范。

抗美援朝战争爆发后，黄继光响应"抗美援朝，保家卫国"的伟大号召，积极报名参加志愿军。1951年3月12日，他终于穿上了军装，被分配在志愿军第十五军四十五师一三五团二营六连当通信员。在硝烟弥漫的朝鲜战场上，黄继光严格要求自己，勤学苦练，很快成长为一名合格的志愿军战士，不仅出色地完成本职工作，更是竭尽所能为集体着想，为战友着想，冒着炮火频繁穿梭于后方与前沿，不分昼夜地工作，为大家排忧解难。他机敏勇敢、热情乐观、甘于奉献的出色表现，赢得了首长和战友们的赞许，也成为了大家学习的榜样，影响和激励了一大批年轻战士。

1952年10月，黄继光被调到营部当通信员，不久就参加了举世闻名的上甘岭战役。10月

19日夜，在夺取597.9高地的战斗中，二营六连担任先遣反击任务，在我军强大的反击炮火支援下，连队连续收复了597.9高地右侧的3个阵地后，许多战友牺牲在敌人暗堡密布的强大火力之下，后续大部队冲锋严重受阻。战斗进行了整整一夜，眼看就要天亮了，战事紧迫，黄继光主动请缨，他带领两名战士前往敌人最后的几个火力点进行爆破。由于敌人火力凶猛，在连续摧毁两个敌火力点后，两名战士一个牺牲，一个身负重伤，当黄继光艰难地接近敌人最后一个火力点时，弹药耗尽，身上也多处负伤，他没有犹豫、没有放弃，拼尽全身力量，顽强地爬了起来，奋力扑向火力点，用胸膛死死堵住最后一个喷着火舌的机枪眼，用血肉之躯为后续部队的反攻扫清了障碍。

战后，中国人民志愿军政治部追授黄继光"模范青年团员"称号，志愿军第十五军党委根据黄继光生前遗愿，追认他为中国共产党党员，并将黄继光的名字和英雄事迹刻在了五圣山的石壁上，供后人永远怀念和瞻仰。1952年11月，中国人民志愿军政治部为黄继光追记特等功。1953年6月

1 日，中国人民志愿军政治部追授黄继光"特级英雄"称号。1953 年 6 月 25 日，朝鲜民主主义人民共和国最高人民会议常任委员会追授黄继光"朝鲜民主主义人民共和国英雄"称号和一级国旗勋章、金星奖章。

黄继光舍身堵枪眼的伟大壮举，极大地震撼了前线的志愿军将士，鼓舞着中朝人民共同抗敌的坚强决心，为取得抗美援朝战争的伟大胜利起到了积极的促进作用。他那英勇战斗、舍生忘死的大无畏精神，是中华民族宝贵的精神财富，影响着一代又一代的中国军人和中国人民。郭沫若深情地写道：血肉作干城，烈忾在火中长啸；光荣归党国，英风使天下同钦。英雄的壮举源于内心的强大和对祖国、对人民的无限热爱。黄继光身上体现的无私爱国、牺牲奉献、主动担当的精神根植于中华民族深深沃土，不仅在革命战争年代具有巨大的感召力，在中国特色社会主义新时代，仍具有极其重要的现实意义。

01 苦难中成长

冬夜降临的一团火

四川省中江县有一个叫发财垭的村子，周围山坡上长满了松柏、毛竹，一年四季都绿油油的，尤其到了夏天，林里松竹飘出阵阵清香，山下的溪水清澈冰凉，从早到晚哗啦啦地淌，就像哼着一曲欢快的山野小调，真是个好地方。

可惜，这里的村民却无心情欣赏美妙的自然风光，20世纪初的中国还处在水深火热中，发财垭的村民们备受地主恶霸的欺凌，常年过着食不果腹、难以为继的苦日子。

1930年腊月的一个傍晚，天气冷得出奇，发财垭村老实本分的贫苦农民黄德仲走在坑洼不平的山路上，阴冷的风裹着些细碎冰粒抽打着脸颊，只觉得阵阵刺痛。

"下雪了？"他停下来望着阴霾密布的天空，好像在等老天爷的回答。怔怔地望了半天，黄德仲叹了口气，还是继续赶路吧！他缩着脖子，裹紧了身上又破又旧的薄棉袄。

黄德仲家里只有一小块祖传的四方田，为了养活一家子，他既打长工又打短工，披星戴月拼命地干活，可一年下来刨去租钱和税钱，只剩得下几斗粮，哪里够吃啊？实在没办法了，只能跟地主借。

发财垭有个地主叫李积成，平日里装出一副善人面孔，打着帮助穷人的旗号四处放高利贷，靠利滚利、驴打滚的阎王债盘剥老实巴交的村民，到最后无力还债的穷人不是被抢去田地就是常年为李家打苦工。

黄德仲心里清楚，找他借债等于往火坑里跳，可又有什么办法。妻子邓芳芝就要生了，家里又要多添一张吃饭的嘴，黄德仲不知该哭还是该笑。大儿子小时候被疯狗咬伤，无钱治疗落下了病根，二儿子又天生聋哑，尽管生活艰难，他还是期待着妻子能再给黄家添个壮壮实实的儿子。毕竟，新的生命会带来新的希望，黄德仲仿佛有了力量，忐忑不安地敲开了李积成家的大门。

李积成穿着簇新的夹袄，正跷着腿斜躺在床上抽烟，堂屋又宽敞又暖和，亮亮堂堂的。一见黄德仲，李积成立即堆出笑脸，像个好心肠的慈善家。

"他黄二叔找我有事吗？"李积成明知故问。

"东家，我想……"

"乡里乡亲的别客气！有事儿就直说嘛！"

"唉，屋里头快生了，我想借一担油，炸米糕卖点钱！"

"生娃儿是喜事嘛！恭喜恭喜！都是乡亲，我能不管吗？"李积成坐直身子拱了拱手，十分亲和。继而喊来管账先生，低声吩咐道："他要借我一担油，按老规矩办，带去账房写个借单！"

一阵点头哈腰过后，瘦瘦高高的管账先生退出堂屋，黄德仲赶紧跟了上去，不料刚要跨进账房就被拦下了。"在外面等！"屋里传出一声尖厉的喝令。黄德仲只好蹲在门口等，过了一袋烟工夫，借单写好了，管账先生摇头晃脑念了一遍，末了问："听明白了吗？"

听是听明白了，可这狗财主也太黑了！黄德仲只觉得脑子里嗡嗡直响，嗫嚅道："现在借一担，明年秋天连本带利就要还三担啊？"

"这是东家的老规矩！"管账先生不耐烦地催促道，"白纸黑字清清楚楚，别啰唆了！快，在这儿按个手印！"

不识字的黄德仲有些犹豫，转年秋天能还上三担吗？这油借不得啊！可孩子即将出生，妻子产后又不能干重活，没钱怎么过？想到这里，黄德仲咬咬牙，哆哆嗦嗦地摁下了手印。

回到家中已是后半夜，黄德仲放下那担油，急急赶到床前。昏黄的油灯下，邓芳芝呻吟着，阵痛越来越频繁，看来今晚就要生了。黄德仲临出门那会儿，隔壁李大嫂就过来帮忙了。眼下，接生用具都已准备妥当。艰苦岁月里，穷人间相互帮衬的温情就像是一苗烛火，带来些许慰藉。黄德仲退到屋外焦急地等待着，也不知过了多久，终于听到了婴儿清脆的啼哭声。

"母子平安! 芳芝生了个儿子!"李大嫂打开门, 高兴地给他报喜。

"快给儿子起个乳名吧!"邓芳芝躺在床上, 苍白的脸上露出一丝微笑。

"火元子!"黄德仲脱口而出。

他早就想好了, 要是生个儿子就叫火元子。在这暗无天日的年月, 黄家多需要一团火啊, 黄德仲憧憬着, 这团火能带来温暖和光亮, 能抵抗饥寒, 撑起这个家……

黄德仲本想靠着借来的一担油炸米糕卖点钱, 可不但没有赚到一个铜板, 连这担油的本钱也赔了进去。眨眼就到了秋天, 三担油哪里还得上? 这倒正合了李积成的心意, 在他的威逼恐吓下, 黄德仲只好长期去李家干活, 吃尽了苦头, 却始终抵不掉那担油钱。

寒来暑往, 四季轮转, 漫长而苦涩的岁月里, 火元子也一天天长大了。如今, 火元子8岁, 没钱上学的他每天下地劳作, 不仅学会了砍柴、挑水, 还想方设法找吃的。上山挖野菜, 下河捞鱼虾，抓蛇、掏鸟窝他都干过，用一个小男孩独有的方式替父母分担着生活的艰难。

在发财垭，火元子这个乳名可比他的大名黄继光叫得响多了，虽说是个调皮捣蛋的家伙，却经常伸张正义，保护弱小，有好吃好玩的也乐意拿出来和大家一起分享，在五里三乡的孩子中有着很高的威信。

常有邻乡的小伙伴来发财垭找黄继光，大家聚在一起，不知不觉就聊起在地主家干活的委屈、缺衣少食的艰难，有的干脆大骂起来。是啊，他们都想不通，为什么地主甲长成天不干活却吃得好穿得好，穷人只能没日没夜地干活、受欺负，总是吃了上顿没下顿。

"不公平！"黄继光大声地说，"要想一个办法……唉，要是有人替咱们撑腰，主持公道就好了！"

这时，一个叫小珍的妹子告诉他："听大人说，红军就是为咱们撑腰的。他们领着穷人打倒地主恶霸，让咱们穷人当家作主，到时候，村子归咱们管，而且……"

黄继光听得入神，真的有红军吗？他们在哪里？一个年仅8岁、从未走出过大山的孩子，对外面的世界一无所知，听完了小珍的话他深信不疑，一定有红军，总有一天，红军会来到发财垭，他甚至想马上动身去找他们，让他们把队伍开进山村，治治李积成这些大坏蛋。火元子心中那团发光发热的火，好像真的被点燃了。

"妈妈，我不想死！"

黄继光10岁那年，中江县大旱，开春过后就没有降过一滴雨。黄德仲望着干裂的四方田欲哭无泪，一年的口粮全完了，这日子咋过啊？妻子又给他添了个小儿子，饿得瘫在床上爬都爬不起来，愁苦和焦灼快将这个正值壮年的男人压垮了。

此时，黄继光正慌慌张张地四处找他，李积成家的管账先生又上门催债了。

"乡里乡亲的，按说不该催。可碰到这么个

灾年谁也没办法，东家放贷又多，东家也扛不住啊！"说罢，管账先生还装模作样地叹了口气。

邓芳芝低声下气地请求他："再宽限些日子吧！"

"还要怎么宽限？"管账先生突然提高了嗓门，"借的时候火元子还没出生，眼下老四都这么大了。"

"要我看，就把那块四方田卖给东家……"管账先生终于道出了东家的真正意图，李积成一直觊觎着黄家那块四方田。

刚和儿子赶回家的黄德仲一听这话，只觉得头晕目眩，喃喃道："卖不得，卖不得，那是一家老少活命的田啊！"

黄继光连忙把父亲扶到床边坐下，转过头来冲管账先生吼道："钱，我们会还，但不是现在。这个时候来要账，就是逼命！"

看着黄继光双手握拳、怒目圆睁的模样，管账先生心里一惊，这个火元子，小小年纪如此刚烈，可比他父母强了百倍，了不得，没准儿将来能成大事。自己替东家办事，也犯不着往死里得罪。于是换了口气，说回去替黄家求个情，便离开了。

黄德仲一边给李家扛活抵债，一边四处打短工挣家用，积劳成疾，终于病倒了。论干活，他是个能手，农活"十八般武艺"可以说是样样精通，他晒的粉条，又细又白，方圆几十里都出名，可他起早贪黑拼了命地干活，为何还是养不活家人？如今他自己也病恹恹地躺在了床上，这日子还有指望吗？

　　没想到，李积成居然不依不饶，让手下把黄德仲拽下床来，逼他继续干活。软弱老实的黄德仲硬撑着在李家连续掏了7天牛粪，又累又饿，最后晕倒在了牛棚里。

　　黄继光强忍泪水，请好心的乡亲把父亲抬回了家，可怜的父亲面如死灰，呼吸微弱，已经陷入了昏迷。隔壁李大婶偷偷抹了把眼泪，本想劝芳芝早点准备后事，可见她那泪流满面、六神无主的样子，话到嘴边又咽了下去。

　　面对如此凄惨的光景，年纪轻轻的黄继光表现出了惊人的冷静。他清楚，父亲倒下意味着什么，他更清楚，从今往后自己将要承担什么。

　　"火元子，你必须咬牙挺住，千万不能垮！"他在心里默默地喊。

第二天，黄继光起了个大早，背上背篓就出了门。家里没钱给父亲买药治病，怎么办呢？绝不能眼睁睁看着父亲死，哪怕只有一线希望也要努力争取。他决定自己去采药。完全不懂药材的黄继光专往悬崖峭壁上攀，哪里危险往哪里走，他的想法是越难采到的药效果越好。

一个老药农看到这个衣衫破烂浑身是伤的小娃娃实在心疼，就送给他一些活血化瘀的草药，催他赶紧回家。连连道谢之后，如获至宝的黄继光一路飞奔，内心狂喜：有救了！父亲有救了！

可惜，黄德仲已经等不到儿子千辛万苦找来的救命草药了。还没推开家门，黄继光就听到了哭声，低矮的茅屋里，一家人哭作一团。按乡亲们的话说，黄家已经彻底塌了天。邓芳芝体虚多病，干不得重活，加上丈夫去世，积郁成疾，成天只会唉声叹气。四个儿子老大体弱，老二聋哑，老幺还小，只有火元子机灵能干，可毕竟也只是个 10 岁出头的小娃娃，能撑起一个家吗？

家里断顿了，懂事的黄继光不哭也不怨，偷

偷拿把挖锄去了后山。他想好了，秋萝卜、地登草、花生芽芽，只要能吃的他都挖。岂料山上的野菜都快被挖光了，遇到这样的灾年，谁家不是缺吃少喝的啊。李积成家不能再借了。黄继光突然想起邻村的财主陈子科，他应该没那么黑心肠吧？带着一丝希望，黄继光来到了陈家门前。

傍晚时分，黄继光兴高采烈地扛回一袋红苕，一家人喜出望外，结果打开一看，全是烂红苕。

"等了半天，竟然拿烂红苕来骗我，太欺负人了！"黄继光终于忍不住大哭起来。

极度消沉的邓芳芝已经放弃了对生活的希望，她带着孩子们四处讨饭，受尽了屈辱。更糟糕的是，黄继光发现母亲有时神情恍惚说怪话，要不就是直愣愣地盯住一个东西，半天也不动。一天，日头偏西了饭还没着落，黄继光却看到妈妈从墙缝里摸出了耗子药，他大吃一惊，慌忙夺过来："妈，你这是要干啥？"

"火元子啊，我没本事，怕是带不大你们了！"邓芳芝绝望地说，"我们……就一起死了吧！"

"妈妈，我不想死！"黄继光又急又气，"我要活，你也要活，哥哥弟弟都要活！不管做啥子我都要把你们养活！"

不管如何都要活下去的信念像是一团火，在黄继光的胸中燃烧。一夜之间他仿佛就长大了，说话做事都有了主意。活下去的信念，又给这个穷苦的家庭带来了希望。妈妈带着两个哥哥剥树皮、挖草根，干些简单轻松的活儿，黄继光带着弟弟上树掏鸟蛋、进山捉蛇、下河捞虾摸螃蟹，想尽一切办法找吃的。

这天收获特别大，黄继光和弟弟捧着一窝鸟蛋、挎着满满一篓虾蟹回来了，推门一看，妈妈正洗着一大堆草根呢。晚上，一家人围在桌边又说又笑，终于吃了顿饱饭。自从父亲去世，妈妈还是第一次笑，黄继光暗下决心，一定要努力，要让妈妈天天都这么高兴。

黄继光心里寻思着，碰运气吃顿饱饭不是长久之计，山上已经没有野菜可挖了，不过，半山腰那一大片香草的长势倒是格外好。香草虽不能吃却能制香啊，制成香就可以卖钱换粮食啦！黄继光说干就干——挖香草、打听制香方法……颇费了一番功夫，总算是成功了。

"等我好消息!"黄继光背上香，满怀希望地出了门。四处叫卖、吆喝了一整天，最后却垂头丧气地回到家中。制香是个脏活累活，更是个细活技术活，黄继光没有经验，制出的香粗细不匀，长短不一，根本就卖不出去。

夜里，躺在床上的黄继光又开始琢磨，制香失败了，可日子还得过。家人长期吃野菜，个个脸色发青，手脚都肿了，得找个挣现钱的长久活计才行!想了半天，他决定去挑脚力，这可不是娃娃干的活，又苦又累，工钱还少，可眼下实在想不出别的办法了。

沉甸甸的扁担压上了稚嫩的肩头，黄继光身形矮小，看上去比他挑的箩筐还小。不过，他动作利索，又舍得卖力，还真接下了不少活，田间、村口、半山腰，到处都留下了黄继光小小的脚印。不知流了多少汗水，忍下了多少疼痛，黄继光终于攒够了买米的钱，看到家人吃上香喷喷的米饭，黄继光又充满了力量，活着真好啊!他相信，只要努力，日子会一天天好起来的。

牛粪与疯狗

黄继光干活麻利，脏活累活也不挑，加上五里三乡的乡亲都愿意请他帮忙，黄家的日子的确改善了不少。弟弟在他的影响下也要求去挑脚力，却遭到了黄继光的严词拒绝："不行！你还小，以后要长大个子，扁担压肩就长不高了！"个子矮小的黄继光经常被人嘲笑，他不愿意弟弟像自己一样。

秋收时节，正是忙的时候，黄继光这天连着接了好几个活儿，虽然累，可钱也挣得多啊。天已经黑完了，走在回家路上的他寻思着再咬牙多干些，争取过年让妈妈和弟弟穿上新衣服。推开家门，却看到屋里坐着管账先生。

"哟，咱们的火元子都长这么大了啊？"管账先生皮笑肉不笑地跟他打招呼。

"又来催债了？"黄继光不卑不亢地问。

"催债？你们还得起吗？"管账先生一脸不屑，"是东家心疼你，让你扛活儿去！"

"话说在前面，扛活儿可以，但不是抵债。要给工钱我才去!"黄继光语气坚定。

管账先生心里暗暗佩服,上次他就看出这个火元子不简单,眼下更显沉稳了,12岁的小娃娃已有了当家的架势。

走进李家大院,黄继光的心情十分沉重,父亲就是被李积成逼死的,可为了挣钱养活一家人,他只能忍。李家的活不好干,他有心理准备,再苦再累都不怕,大不了咬牙挺住,钱挣到手了就离开李家。可他没有想到,接下来的半年光阴,等待他的,除了永远也干不完的活,还有无端的打骂和折磨。

黄继光生性倔强,自尊心强,面对地主婆的故意刁难,他经常大声反抗,据理力争。可李家人横行霸道惯了,又怎会让一个小娃娃占上风,黄继光的反抗只会招来变本加厉的毒打与谩骂。

年长些的工友实在看不下去了,私底下偷偷劝他,在李家人面前机灵点,赔个笑脸,多说几句好话,日子自然就会好过些。黄继光不听,明明是他们不对,凭什么要我说好话?

一天,黄继光出去放牛,经过院子时,牛拉

了一摊粪，这下可又让李积成逮住机会了。他冲过去拧住黄继光的耳朵，劈头盖脸一通骂，骂完了还不解气，又摁着他的脑袋，要他把那摊牛粪吃下去。一个工友赶紧过来帮忙打扫，说好话，却被李积成直接踢出了门外。

眼前的一切让黄继光忍无可忍了，他发疯般挣脱了李积成的逼迫，大吼道："你们太欺负人了！叫管账先生来算账！我不干了！"

"不干就滚！"李积成奸笑道，"要工钱，门儿都没有！"

黄继光气得浑身发抖，这半年他没日没夜地替李家干活，地主婆蛮横又刁钻，变着法儿地耍弄他，小小年纪的他受尽了委屈，到头来，一分钱工钱也不给，还有天理吗？

唉，话又说回来，这些地主恶霸阴险狠毒，跟他们讲理又有何用？想到这里，黄继光冷静下来，扭头进屋收拾好自己的包袱。离开之前，他走到李积成面前，一字一顿地说："你赖账的时日不多了，等他们来了，看你给不给。"

不容置疑的神情令李积成也怕了三分，慌忙

问道："谁要来？"

"红军！专门收拾你们这帮大坏蛋！"说完，黄继光头也不回地走出了李家的大门。

白干了半年活，黄继光真难过啊，回家路上他忍不住伤心地哭了，眼看着就到年根了，钱没挣到手，妈妈和弟弟的新衣服也泡汤了……

转年，正月刚过，黄继光带着弟弟去河边捞虾，刺骨的寒风吹得脸颊生疼，兄弟俩冻得通红的手上尽是冻疮。正捞得起劲，突然听到有人大喊：打疯狗！疯狗来了！

循声望去，原来是李二宝，这个家伙成天游手好闲，不干正事，是附近出了名的二流子。一听是疯狗，黄继光顿时心跳加快，满腔怒火，大哥就是被疯狗咬坏了的。眼下，那只凸着红眼的癞皮疯狗在李二宝的追赶下直冲兄弟俩奔来，黄继光赶紧把弟弟护在身后，右手举起竹篓一挡，疯狗应声掉进河中。

李二宝急匆匆地赶上来，抓起石头一阵猛砸，转眼间，疯狗就一命呜呼了，河水被狗血染红了一大片。还没等兄弟俩回过神，李二宝已跑得无影无踪，出现在眼前的却是伪甲长胡世风跟他的几个狗腿子。

"谁——谁打死了我的宝贝大黄狗？"胡世风歇斯底里地喊叫起来，"火元子，是你打死的，赔我大黄狗！"

"不是我！你不要诬陷人！"

"不是你是谁？"蛮横无理的胡世风拽过黄继光的弟弟，"不是你就是他！"

弟弟吓得哇哇大哭，黄继光又急又气，正要跟他理论，却被胡世风的手下捂住了嘴。胡世风装出悲痛的样子，夸赞着大黄狗的乖巧，扬言要绑了黄继光游街，还要他们兄弟俩给狗披麻戴孝。

黄继光愤恨交加，使出浑身力气甩开了狗腿子，大喊道："狗是李二宝打死的！"接着，原原本本地把李二宝打死疯狗的过程讲了一遍，乡亲们听完都很愤怒，要去把李二宝抓来。胡世风做贼心虚，眼看场面就要不受控制了，就在这时，李积成出现了，在众人面前摆出一副讲公道的架势："肯定不是李二宝，今天一大早我就雇他去广福乡办事了，这会儿还回不来。"

接着，他又慢慢踱到黄继光旁边，清了清嗓子："胡甲长的宝狗无缘无故被火元子打死，心情可以理解。但是，狗死不能复生，再说也都是乡里乡亲的，披麻戴孝我看就免了。我倒是有个两全其美的办法……"

"快说啊！"胡世风假装不耐烦，催促道，"积成老兄你快说！你的办法肯定错不了！"

李积成背着手，有模有样地踱着步子，开始了他的长篇大论，从黄家欠债他如何宽限到火元子去李家打工他又如何关心照顾，愣是把自己说成了一个大慈善家，东拉西扯了半天，最后却把话绕到了黄家那块四方田："反正呢，我是好人做到底了，狗钱我出。黄家就先把那块四方田押给我，等你们宽裕了，随时都可以赎回去。"

黄继光听出来了，这一切就是个圈套，是他们事先设计好了的！原来，当初因为那摊牛粪，黄继光的顶撞一直让李积成耿耿于怀，为了羞辱黄继光，再趁机欺占黄家那块四方田，李积成伙同邻乡的胡世风自导自演了这出疯狗戏。这些可恶的地主、恶霸、伪甲长！为了欺负穷人，动尽了坏脑筋！愤怒的黄继光冲他们啐了口唾沫，大吼一声："休想！"

胡世风气急败坏道："敬酒不吃吃罚酒，来人哪！把死狗绑他身上，给我游街示众！"

狗腿子们一拥而上，狞笑着，威胁着，只见黄继光浑身颤抖，眼里喷着怒火，这世道已经让人忍无可忍了！他一把夺过死狗，使劲往那帮狗腿子身上抡，又转过身来，狠狠地抡向胡世风和李积成，两个坏蛋躲闪不及，血水溅得满脸都是，乡亲们哈哈大笑起来。

斗地主，擒恶霸

黄继光奋力反抗、不向恶势力低头的行为激励了很多村民，尤其在小伙伴中，黄继光成了英雄人物。渐渐地，一向忍气吞声的村民们也敢于像黄继光那样抗争了，地主恶霸的嚣张气焰收敛了不少。艰苦的岁月里，大家相互搀扶、相互鼓励，日子总算一天强过了一天。

不断有好消息传来，发财垭解放了，广福乡也解放了！深受地主剥削和压迫的村民终于熬出了头，黄继光百感交集，小珍妹子说得没错，真的有红军，替穷人推翻了旧世界。这些年，他时常想起小珍妹子的话，时常惦念着红军，他坚信，总有一天红军会来到发财垭，他攒了一肚子的话要对他们说。可眼下新中国都成立了，红军咋还没来呢。

此时黄继光已经18岁了，是个浓眉大眼的帅小伙，嗓门大，身体也结实，可就是个子仍然矮墩墩的，没怎么长。昔日的小伙伴也都一个个出落成了大人模样。

1950年春天的一个早晨，林中鸟雀叽叽喳喳叫个不停，山间薄雾氤氲，空气里飘着豆浆的香气，一队穿军装的年轻人进了村。

"这个叫发财垭的村子可真美啊！"说话的正是带队的解放军班长王云祥，他们是协助政府来发财垭剿匪征粮的。

王班长挨家挨户地访贫问苦，带着战士们帮大娘挑水、替大爷砍柴，很快就和发财垭的村民打成了一片。黄继光特别喜欢和解放军待在一起，王班长见多识广，什么都懂什么都知道，黄继光经常缠着他问东问西，明白了很多道理。

在王班长的耐心解释下，黄继光不仅搞清楚了红军为啥改叫解放军，也懂得了，是共产党救了全中国，只有跟着共产党，才会过上好日子。而刚刚解放的蜀地仍然匪患猖獗，地主阶级还不肯善罢甘休，要想彻底将他们打败，从他们手里夺回田地，还需要大家团结一心，继续斗争下去。

黄继光积极加入了民兵，勇敢地站在了减租退押和清匪反霸的队伍前列。从小到大备受欺凌的他深知，地主恶霸们阴险狡诈，纵有满腔仇恨，要想对付这帮大坏蛋，光凭一身蛮力是不够的，还得动脑筋、使计谋。

一天夜里，黄继光正在村口站岗，突然，竹林里闪出一个黑影。黄继光立即警觉起来，悄悄跟了上去。黑影蹑手蹑脚地走，还不时左顾右盼，留意着周围的动静，显然是不想被人发现。最后，黑影鬼鬼祟祟地钻进了一个偏僻的小院子。

黄继光对这个院子有些印象，好像是李家管

账先生的家，这里面肯定有问题！他麻利地翻过围墙，小心翼翼绕到后院，把屋里的情况探了个一清二楚。

第二天是公布丈量土地结果的日子。李积成的父亲李聚丰正在榜前大喊大闹，说农会多算了他家的田地。村民都围了上来，冷眼看着这个为老不尊的老地主撒泼耍赖，人群中发出阵阵讥笑。

"大家安静！"农会主席抬手示意大家，转过身不慌不忙地问他，"那就请你指出来，哪股地算多了？"

躺在地上干嚎的李聚丰马上坐起身，四下打望，找到了管账先生，指着他得意扬扬地说："我家管账的王先生最清楚，快快快，你告诉他们，都有哪些田算多了！"

"好，那就请王先生来说。"农会主席镇定自若道。

管账先生扭扭捏捏地从人群中走出来，有些胆怯："我证明，这些田都是东家的。"

"啥？"老地主以为自己听错了，凶神恶煞地冲到管账先生面前，"你你你，再给我说一遍，想好了再说!"

"好! 我就再说一遍。"像是豁出去了一般,管账先生提高了嗓门,"这些田——都是你家的!"

李聚丰顿时瘫坐在地,差点背过气去。原来,昨天晚上那个黑影就是李聚丰,他连夜赶去管账先生家,是要他为李家隐瞒田产,做假证。岂料李聚丰前脚刚走,黄继光和民兵队长就把管账先生带去了村公所。

在强大的政治攻势和入情入理的说服教育下,管账先生终于交代了,他一五一十地道出了李家企图破坏减租退押的种种阴谋,也向大家保证:说真话,站在穷人这边。

至此,黄继光为发财垭立了一功,村民们纷纷夸他机智勇敢。黄继光却丝毫没有松懈,因为,劣迹斑斑的恶霸杨永刚半个月前就跑了,至今还没抓到。虽然没有见过杨永刚,但他知道,小珍妹子在杨家当丫鬟时受尽了打骂和屈辱,想到这里,他愤恨交加,发誓一定要亲手抓住杨永刚。

黄继光站岗放哨的劲头更足了,尤其是夜岗,他每晚都去。一开始,别的民兵都劝他:"火元子，回去休息吧！今晚不是你的岗。"他才不管呢，手持长矛，瞪大了眼睛，比谁都认真。后来，大家也就习惯了。

这天夜里特别安静，月光下的竹林像是穿了一件银色的纱裙，美极了。到了后半夜，一起站岗的民兵说："今晚不会有情况了，我看，咱哥俩就背靠背打会儿瞌睡吧。"

"不行不行！"精神抖擞的黄继光说，"还没抓到杨永刚，绝不能放松警惕！"

没过一会儿，村口山路上出现了一团模糊的黑影，黄继光二人悄悄退到一边，待黑影走近才发现是3个人，慌慌张张的十分可疑。

"站住！"黄继光横过长矛将3人拦下，"干什么的？"

其中一个胖墩墩的家伙故作镇定地答道："手艺人，裁缝。"

"去哪里？"

"去……去发财垭顾远福家。"胖墩说完马上就后悔了，做贼心虚，却把实话说了出来。

黄继光心下思量着，发财垭谁不知道顾远

福，这个大坏蛋平日欺压村民，作恶多端，最近又在妖言惑众，企图煽动富农闹事，千方百计地阻挠减租退押，怎么会半夜请3个裁缝上门？这里面肯定有蹊跷，得查问清楚。可对方有3人，我们两个又都是小个子……

一起站岗的民兵正要上前阻拦，却被黄继光偷偷拽住。

"哦，你们走吧！"黄继光给同伴使了个眼色，把他们放走了。

待他们走远了一些，黄继光就拉着同伴飞跑起来，他们抄小路，火速赶到了下一个岗哨，组织大家设埋伏。果然，一会儿工夫，3个人又出现了，眼看着就走进了民兵的埋伏圈，黄继光突然大喊："杨永刚！"

"啊？"那个胖墩顺口就应了声。

那声"啊"就像一个信号，藏在暗处的民兵们一齐扑上去，将3人绑了个结结实实。黄继光猜得没错，胖墩正是杨永刚，并且3个人身上都有枪，要是一开始就跟他们硬拼的话，后果不堪设想。和黄继光一起站岗的民兵吓出了一身冷汗，对黄继光佩服不已。

经过审问，杨永刚承认3人是去找保长顾远福串联的，他们准备隐藏枪支弹药，伺机报复。不待天亮，黄继光和民兵们又马不停蹄地赶到顾远福和杨永刚的家中，搜出了大量武器，一场血腥阴谋被扼杀在了摇篮中，黄继光又立一功。

听到恶霸杨永刚被抓的消息后，五里三乡都敲锣打鼓地庆祝，许多村民专程去黄继光家里道谢，邓芳芝热情地招呼着大家，由衷地为自己的火元子感到自豪。

小珍妹子也来了，如今她是广福乡青妇队的积极分子，梳两条麻花辫，阳光下英姿勃勃。几年不见，小珍妹子长成了大姑娘，黄继光也壮了许多，从前聚在一起就聊个没完的两个小伙伴，今日再见却相对无言。她想说谢谢，却又觉得太过生疏，他想说想念，最后只轻轻道了声再见。

谁也没想到，山垭口的这声再见竟一语成谶，互生情愫的两个年轻人很快就要远隔万里，再也不能重逢。

02 加入志愿军

终于当上兵啦

其实，自从第一次听小珍妹子说起红军，黄继光心里就埋下了参军的梦想。从小到大，他一直盼望着有一天能穿上军装扛起枪，为正义而战。冥冥之中，火元子这个乳名好像真的赋予了他一团火，始终熊熊燃烧在胸间。

过去，他认为打倒地主恶霸就是胜利，就有无忧无虑的好日子了，而现在的他有了新觉悟，新想法。听王班长说，朝鲜战争爆发了，美帝国主义已把战火烧到了我国东北边境，毛主席严正斥责美国的侵略行径，发出了"抗美援朝，保家卫国"的号召。

轰轰烈烈的抗美援朝运动像澎湃的巨浪席卷全国，也激荡着黄继光那颗火热的心，他热血沸腾，期待着奔赴战场。黄继光是村里第一个报名参军的青年，却因为个子矮小被刷了下来，他没有放弃，一边在民兵队伍中积极工作，一边等待着机会。

1951 年 3 月，征兵又开始了。黄继光暗下决心，这一次，说什么也得参军！他先是回到家里请求妈妈的支持，邓芳芝虽然心有不舍，却十分明白儿子的心思，儿子参加志愿军是要去前线杀敌，保卫我们的国家，保卫我们的好日子，她不应该拖后腿。

至于民兵连长那里，黄继光更是天天磨——讲道理、说好话、耍赖皮，什么招都使上了，最后，被磨得无可奈何的民兵连长点点头，算作同意。其实，他早就看出黄继光是个好苗子，不仅机灵勇敢还有智谋，就是个子太矮了。可董存瑞个子也不高啊，照样冲锋在前，成了舍身炸碉堡的英雄。

一大早，黄继光欢天喜地地跟着民兵连长来到了中江县广福区公所，院里挤满了年轻小伙儿，都是来参加体检的"准志愿军"。眼尖的黄继光在人群中看到了吴老汉的小儿子，便兴冲冲地跟他打招呼。只有17岁的吴三羊大眼睛小嘴巴，一笑就露出两个俏皮的酒窝，看上去还是个娃娃模样。不过，和他结伴的那个青年就不同了，长得高大又壮实，黄继光羡慕地想，他肯定能通过。

体检开始了，大家排好队等待叫号，每个人都有些紧张。自己最大的问题就是个子矮，黄继光心里清楚得很，得想个办法才行。测身高的时候他偷偷踮起了脚后跟，不料体检医生一眼识破，拍拍他的肩膀："小伙子站好，不要踮脚哟！"黄继光尴尬地抓了抓头，心里大喊坏了坏了！

鼻子、耳朵、眼睛……很快地，后面的项目也都查完了，按照要求，黄继光把自己的体检表交到了接兵部队的艾营长手里。艾营长看了看表格，又将黄继光上下打量了一番，笑着说："小同志，你去那个院子！"

黄继光忐忑不安地走进院子，一瞧，心里又喊坏了坏了！这里的人，不是满脸胡茬的老叔就是跟他差不多的小个子，个个都愁眉苦脸的，吴三羊也在，耷拉着脑袋蹲在墙边。

"吴三羊，和你一起来的那个大高个呢？"黄继光还心有不甘。

"你是说肖登良吧？他选上了。"吴三羊有气无力地说，"我们都是被刷下来的！"

"刷下来了？"黄继光急得直跺脚，"不行，得找他们去！"

黄继光气呼呼地跑回体检室，冲着艾营长大嚷道："凭啥把我刷下来？"

艾营长先是一愣，继而笑着示意他坐下："小同志，你先别着急，听我说……"

"不就是嫌我个头矮吗？"黄继光自揭了伤疤，没忍住，眼泪不争气地流了出来，"长得矮就打不了鬼子啦？秤砣虽小，能压千斤！别看我个子小，力气大着呢！"

说完，黄继光撸起袖子把手伸到艾营长面前，那是一双厚实的、布满老茧的手，手臂上数不清的伤疤仿佛记录着主人吃过的苦、受过的罪。艾营长看了也吃惊不小，又突然想起前几天听人说起，发财垭有一个小个子，智勇双全，能干得很，斗地主擒恶霸立了大功呢，叫……叫什么来着？

"哦，对对对，火元子！"艾营长一拍脑门，恍然大悟道，"莫非你就是那个火元子？"

"对嘛！就是我嘛！"黄继光破涕为笑，抹了抹眼泪，"火元子是我的乳名。"

正在这当口，民兵连长进来了，跟在后面的吴三羊嘟着嘴巴，脸上还挂着泪珠子。

"营长同志，给你们添麻烦了！"民兵连长看看黄继光，又拍了拍吴三羊的肩头，有些难为情地说，"黄继光是个好小伙，能干着呢！还有他，他叫吴三羊，年龄是小了点，但是身体很结实，至于个子嘛……以后肯定还会长的……"

1951年3月12日，黄继光终于穿上了军装，和同乡的吴三羊、肖登良一起走进了志愿军的队伍。

乡亲们送了一程又一程，大家都明白，今日一别，再见已不知何时。再见了，亲爱的家乡，这里的山山水水，一草一木，到处都有他难忘的回忆。妈妈和兄弟们都在送行的队伍里，黄继光却不敢回头，他想起了含恨死去的父亲，又想到自己走

后家人将要面临的种种困难，心里说不出的难过，眼泪噗噗噗直往下掉。

肖登良瞅瞅黄继光，又捅了捅旁边的吴三羊，这个小家伙早就呜呜地哭出了声。肖登良乐了，打趣道："嘿，你们两个耍赖皮，又哭又闹非要当兵。现在当上了，咋个还哭？我看，还不等上前线你俩就要哭着喊回家！"

"我再也不哭了！"黄继光拿袖子使劲蹭了蹭脸，赌气一般，"我——黄继光——保证，不把美国鬼子杀光，绝不回来！"

那语气那神态，仿佛又回到了童年时代，我们又看到了那个从不放弃、倔强又勇敢的火元子，那个心中有一团火，永远充满力量的火元子。

闲不住的小黄

在黄继光心里，当兵就是不怕死，就是向前冲，从穿上军装那一刻，他就迫不及待地要奔赴前线杀敌。因此，当新兵队伍被带到四川省三台县刘家营时，他特别失望，这里和发财垭没多大区别，四面环山，村口也有一条小河，离炮火纷飞的朝鲜战场还远着呢。

新兵训练动员会上，连长和指导员都讲了一大堆话，什么整理内务、唱歌学习，黄继光听得糊里糊涂，感觉跟打仗一点关系都没有。肖登良被任命为代理新兵班长，黄继光和吴三羊都编到了他班里，新兵训练就这样开始了。

让黄继光没有想到的是，部队生活紧张又充实，新鲜又有趣，一片崭新的天地呈现在了这个20岁的小伙子面前——年龄相仿的一群年轻人，穿着同样的军装却又操着不同的口音，每天集合在一起，站队、报数、齐步、立定……但凡有谁动作不对了，就要停下来仔细纠正，有时还得挨罚。屋里也有各种规矩，比如，大伙儿的背包要摆成一条直线，再比如，被子必须叠得像豆腐块那样整齐。

对了，开饭前还要唱歌，傍晚的山脚下，黄继光笔直地站在队伍里，和战友一起高唱《没有共产党就没有新中国》，歌声久久回荡在山谷中，那个场面真是激动人心，要是能让小珍妹子看见就好了。

热情乐观的他迅速地融入了这个集体，每天训练都劲头十足。唯独识字、写字比较困难，这些大山里的穷苦娃，几乎都没上过学，新兵连专门组织了一个扫盲班。黄继光除了自己的名字只认识几个字，拿起笔来手就抖，横竖撇捺全都歪歪扭扭，怎么写也写不好，急得他直挠头。听教导员说，学会了写字就可以给家里写信报平安，黄继光的热情一下就提高了不少，一有时间就找根小木棍在地上练。

当时的刘家营还没有进行土改，村里的几口井都是私人的，乡亲们吃水非常困难。得知这个消息，黄继光坐不住了，一溜烟就跑到村外去找水源，费了好大的劲，终于找到了一处山泉，便兴冲冲地跑回来报告。战士们连夜赶工，给乡亲挖出了一口井。

每天训练结束后，他就去村外挑水，专给那些腿脚不便的乡亲家里送。有空的时候，黄继光还会帮乡亲们打扫院子、干农活儿，在他的带动下，战友们都纷纷加入进来。淳朴的乡亲们对这群穿军装的年轻人十分感激，却不知如何表达，只好一个劲地道谢。

有一天，黄继光又去王大娘家帮忙挑水，却被王大娘拦下了。四处打听后才得知，原来是刘家营的财主放话出来，号称有山泉的那片地也是他家的，不许村民再去打水。还有村民偷偷告诉他，王大娘的女儿就在这个财主家当丫鬟，财主扬言，要是再有解放军去挑水，就把她女儿辞退了。王大娘家没有土地，要是女儿也没有活干了，家里就失去了生活来源。

黄继光听得满腔怒火，现在全国都解放了，这里的财主居然还骑在百姓头上作威作福，王大娘的女儿还在给财主当丫鬟！小珍妹子挨打受骂的情景又浮现在他眼前，还有恶霸杨永刚凶神恶煞的嘴脸，新仇旧恨一齐涌上了黄继光的心头。

他赶回连队说明了情况，连长和指导员都非常重视，及时向上级作了汇报。由于刘家营的土改工作还没有展开，地主财主与土匪勾结，气焰还很嚣张，经过慎重考虑，部队与当地政府取得了联系并进行了周密的部署，为了保障人民的生命和财产安全，既要狠狠打击地主老财，又要防止他们在部队开拔后实施报复。

几天之后，四川省三台县土改工作队开进了刘家营，在部队的配合下展开了声势浩大的土改运动。地主恶霸被镇压了，村民们终于当家作主，大家聚在一起敲锣打鼓，笑声欢呼声感染着在场的每一个人，有人带头扭起了秧歌，很快地，大家都加入了这支欢快舞动的队伍。黄继光站在一旁，有些恍惚，此情此景，渐渐和家乡解放时的热闹场面重叠起来，他想起了妈妈，想起了小珍妹子。

等等，眼前站着的不就是小珍妹子吗？小珍妹子正笑意盈盈地和他打招呼，两条麻花辫上还系着红绸带。

他使劲揉了揉眼睛，不敢相信。

"快叫黄大哥！"耳边传来了王大娘热情的声音。

黄继光定睛一看，原来是王大娘带着女儿来道谢了。王大娘身旁的少女和小珍妹子模样相似，却比小珍妹子更精神些，王大娘示意她给黄继光作揖下跪，感谢救命之恩，黄继光赶紧上前制止了。如今，王大娘家分到了土地和农具，日子总算有了盼头。村里的民兵也学习解放军，经常帮王大娘挑水、整地，最令人欣喜的是，王大娘的女儿再也不用去财主家当丫鬟了！

"咱家多亏了小黄啊！"见指导员过来了，王大娘赶紧上前道谢，"我们全家都感谢解放军，就让孩子们定下这桩亲事吧！"

"亲事？"指导员听得一头雾水。王大娘这才笑着拉过女儿，把自己的心事和盘托出。原来，王大娘家看上黄继光了，这个小伙子心肠好，又能干又勇敢，把女儿托付给他，准没错！

"王大娘，我们是人民的子弟兵，为人民服务是我们的宗旨。"指导员和悦的神情中带着不容分辩的坚定，"但是，部队有铁的纪律，定亲是不允许的。"

"解放军就是亲人哪！"部队开拔前，王大娘握着黄继光的手，十分不舍，"你们真是比亲人还亲！"

由南往北的行军生活就这样开始了。有一阵，部队在陕西省宝鸡县城外的村子休整，当地老乡大多为回民，那天听连长说起回民的风俗习惯，心细的黄继光提醒大家："不要到老乡的井里打水了！"战士们纷纷表示赞同，就绕到四里地外的河边去打水。只要有空，黄继光就和战友们去老乡家里挑粪、拾柴火，专挑苦活累活干。当地老乡十分感动，给战士们送来了大枣和鸡蛋，但部队纪律严明，无论如何也不能收下。老乡们只好给他们挂红布条，借此表达感激之情。

一日，行至临潼县，部队打算在一座古庙里借宿一晚，打地铺需要草，庙里的老和尚说什么都不同意把现成的干草借出来，一筹莫展之际，黄继光大喊："我有办法！"说完带着几个战友就往外跑。

黄继光记得来时路上有一大片竹林，地上落满了干枯的竹叶。大家收集了很多回来，舒服又暖和地睡了一觉。临走前，黄继光注意到老和尚腿脚不利索，就提议把枯竹叶拢成一堆，挪到柴房边，方便老和尚当柴烧，老和尚又感激又愧疚。

队伍一路向北，黄继光按捺着即将奔赴前线的激动，始终精神抖擞地迈着大步，他个子虽小，却从没掉过队。乐观又热情的他，见困难就想帮，沿途做了许多好事，大家都叫他"闲不住的小黄"。在"闲不住的小黄"的带动下，战友间团结互助的氛围也越来越浓厚。

战前集训

3月底，接上级指令，部队集结到了河北邢台一个叫百泉的村庄。在这里，新兵将接受战前集训，和老兵们一起编入战斗序列，做好参加抗美援朝出国作战的最后准备。终于配发武器了，黄继光兴奋地抱着枪，这儿摸摸，那儿瞧瞧，恨不得立即奔赴前线。

巧的是，黄继光和吴三羊又编在了同一个班。班长叫邵赞，是个老兵，常常聊起战场上的经历，聊战友们的九死一生，黄继光听入了迷，仿佛硝烟弥漫、炮火纷飞的场景就在眼前。他觉得上过战场的都是英雄，什么都想跟邵班长学。这天夜里，大家睡得正香，突然被一阵急促的军号声惊醒。邵赞腾地从床上爬了起来："快！赶快起床！"

"半夜咋就吹起床号了？"一个睡得迷迷糊糊的小战士问，"司号员是不是看错时间啦？"

"这是紧急集合号！"邵班长一边麻利地取出背包带，一边催促大家，"赶紧穿衣服，打背包！"

外面"叭叭"传来两声枪响，这下所有人都清醒了，纷纷跳下床，慌慌张张地忙活起来，拌嘴的，找东西的，乱成了一锅粥。

平时话多的黄继光这会儿倒很安静，原来他正照着邵班长的动作有样学样，先穿好衣服，然后叠被子、打背包、挎水壶、挂枪……虽说动作质量不高，节奏也跟不上，但他的沉着冷静还是被经验丰富的邵班长留意到了。

操场上，队伍已经黑压压一片了，迟到的都是新兵。初春的华北寒意料峭，四处还是一派荒芜景象。

在指挥员的指令下，队伍像一条黑色的长龙钻进了山谷。一路上，"卧倒！""有敌机！"喊声不断，状况百出……黄继光紧张地握住枪，警惕着每一声动静。不知不觉，天已蒙蒙亮，队伍拐来拐去冲过了好几道"封锁线"，再往前走就是一个大场坝了，嘿，还有个篮球架立在边上，显得很高。

"这又是哪里?"一个小战士悄悄问，"我们来这里干什么?"

"就是我们的操场嘛!"黄继光一拍大腿，哈哈大笑，"都转晕了，找不到方向了!"

新兵们这才意识到，这就是动员大会上说的什么战地夜行军，大家回味着刚刚经历的"战事"，七嘴八舌地议论起来，队伍里乱哄哄的。这时，连长整了整队，开始讲话了。

"同志们! 尤其是刚加入志愿军队伍的新兵同志们，你们当中一定有人抱怨，这个连长怎么回事? 半夜把我们叫起来，带到山上乱跑，这不是故意整我们吗? 是这样吗?"他咳嗽了一声，接着说，"你们不是普通老百姓，你们是马上要去前线打仗的! 战场上可是动真格的，不是你死就是我活，全靠真本事! 你们都互相看看，你们这个样子能战胜敌人吗?"

大家你看看我，我看看你，都笑了——不是

帽子戴歪了，就是背包散了，有的忘了带枪，还有的连鞋子都跑掉了，整个队伍稀稀拉拉……

"这个样子能战胜敌人吗？"连长的话让黄继光陷入了思考。

从当上兵的那一刻起，他就期待着上战场，真刀真枪地杀鬼子，他一直以为只要力气大胆子大，敢冲敢拼就行。而实际上，他并未真正感受过，哪怕一丝一毫的战争的残酷，敌人都很强大吗？究竟有多强大？他完全没有概念。

现在的他，只想明白了一个道理，那就是必须练出过硬的真功夫，容不得丝毫马虎。他全身心投入到了训练当中——背包打不快就通宵地练，战术动作更是一遍接一遍不停歇，有一次，他的右腿被石头划破了，他也没吭声，坚持做完了整套动作。值得一提的是射击训练，黄继光总担心自己瞄不准，打仗的时候浪费子弹，就在宿舍门上挂一颗黄豆当靶子，午休时也不忘摸出枪来练一练，回宿舍的战友经常一进门就被黑洞洞的枪口"瞄准"。

班里，数他和吴三羊个头矮体质弱，体能自然跟不上，他就带动吴三羊利用休息时间跑步上山练耐力。一天，他和吴三羊大汗淋漓地回了屋，坐了好一会儿，还是气喘吁吁。

"哎，要我说，就别练了。"廖武走过去，居高临下地拍了拍吴三羊的脑袋，笑道，"小矮个，再怎么练都不行！"

"哪里不行？个矮怎么了？"黄继光腾地站了起来，"你这个大高个敢和我比试比试吗？"

"跟别人比我没有把握，跟你这个小鬼比，肯定不在话下！"廖武昂起脑袋，自信中夹杂着一丝蔑视。

"你要是赢了，我拜你为师！你要是输了就不准再嘲笑小个子！"黄继光认真地说。

"好了，不要啰唆了！比就比！"在战友们的起哄中，比赛开始了。两人比的是三八式步枪的拆装，黄继光三下五除二就完成了，干净又利索，非常漂亮。再看廖武这边急得满头大汗，不停地卡壳。

"这个不算！"廖武不服气，"再比一个！"

接下来，两人又比了登山头、摔跤、扛物资，结果都是黄继光赢。在一片哄笑声中，廖武的脸红成了猴子屁股。廖武是四川成都人，个头高，人也白净。他读过书，又拉得一手好京胡，新中国成立后还在文化馆工作过，在一群农村兵面前优越感十足，虽说是连队里的文艺骨干，可训练上就差点劲头，也吃不得苦。

这次比试之后，廖武像换了一个人似的，出操训练积极多了，尽管他比输了，黄继光还是拜了师，跟着他读书读报学文化。连队也因势利导，在新兵中广泛开展各种比武，年轻的战士们一天一天地成长进步着。唯独廖武的老毛病没改掉，总爱拿黄继光的个头开玩笑，黄继光也不生气了，打打闹闹中，战友情也越发深厚。

1951年6月22日，是黄继光终生难忘的日子。这天，操场上搭起了两米多高的阅兵台，黄继光和战友们全副武装，站在整齐又庄严的队伍中。横幅上有12个大红字，黄继光高兴地发现，自己能认全了——"抗美援朝出国作战誓师大会"。

"同志们！三天后你们将开赴鸭绿江边，随大部队一起入朝作战。抗美援朝是正义之战，我们一定要发扬爱国主义和国际主义精神，英勇作战，打败美国侵略军，保家卫国！"

鲜红的战旗铺在桌上，从首长到士兵，每个人都庄严而自豪地在战旗上留下了自己的名字。黄继光抑制着内心的激动，认认真真、一笔一画地写下了——"黄继光"。

3 天后，部队乘火车离开邢台，经天津、沈阳，开赴鸭绿江边的安东市（今丹东市）。军列上，黄继光结识了几个志愿军第十五军的老战士，听他们讲十五军的战史，不知不觉几个小时就过去了，长了不少见识。

车厢里有一份志愿军报，上面有一篇论志愿军三战三捷的文章，老兵们读过之后就兴致勃勃地议论起来。

"……要我说，还数第二次战役打得妙，诱敌深入，让美军跟着彭老总的指挥棒转，美军还想到鸭绿江呢，却让咱们的穿插部队断了后路。彭老总把打蒋介石的办法用到了朝鲜战场，集中兵力以多击少，美军还以为四面八方都是志愿军，遇上天兵天将了……"

"小伙子，为祖国建功立业的时候到啦！在朝鲜战场上，要有'不书英雄榜，便涂烈士碑'的气概和信念。"一名老兵见黄继光听得入神，便拍了拍他的肩膀。

"不书英雄榜，便涂烈士碑!"黄继光默默记下了这句话。

03 跨过鸭绿江

那个时刻来临了

安东到了，这里除了黄继光所在的部队外，还聚集着许多其他即将奔赴前线的战士。黄继光的心情既紧张又激动，部队即将跨上鸭绿江大桥了，他日夜期待的时刻终于到来了。

"再见吧，祖国！"每个人心中都这样呼喊着，他们不由自主地回过头来向着祖国再深情地看了一眼，就要离开祖国怀抱的战士们个个心潮起伏，有的忍不住流下热泪。远处传来雄壮的歌声如同催征的号角——

雄赳赳，气昂昂，

跨过鸭绿江，

保和平，卫祖国，

就是保家乡。

中国好儿女，

齐心团结紧，

抗美援朝，

打败美帝野心狼！

怒吼的江涛渐渐消失在身后，战士们踏上了朝鲜的土地。这个原本宁静美丽的国家，在炮火的蹂躏下，已经找不到一座完整的村庄，断壁残垣、浓烟焦土随处可见。

由于美军掌握了朝鲜战场的制空权，白天行军很容易遭到敌机轰炸，战士们只好白天休息，晚上在夜幕掩护下行军。黄继光跟着队伍大步向前，从小走惯了山路的他感觉轻松得很，还主动帮炊事班的战友背行军锅。

灰色的公路上，不时有运输车队经过，掀起尘土，摁着喇叭，把行军的战士和骡马一分为二，等它们通过之后，队伍又自动合拢，再看时，那车队的灯光已闪耀在前方的半山腰上。这奇妙的战区夜景，令新兵战士们兴奋又新奇。

远处突然传来了一阵步枪声，这是防空哨兵发出的警报：敌人的夜航飞机来了。志愿军通往前线的战略公路被美军封锁，设下了许多封锁点，每隔一两个小时就要轰炸一次。

转眼间，公路上的灯光全都灭了，黑暗将群山包裹，只有探照灯的光柱在天幕中摇曳。第一批炸弹落下来时，新兵们根本辨不出敌机的方向，裂人心肺的爆炸将听觉和意识完全吞没，身体不听使唤地被巨大的气浪来回冲撞。一波未尽，又是一波，弥漫在四周的黑烟也越来越浓。相对于老兵的沉着，新兵不免显得惊慌失措。

"赶紧分散隐蔽！上山！"邵赞低声吼道。这批炸弹离得太近了，看来敌机今晚轰炸的目标就在这一带，事实证明，这位经验丰富的老兵判断正确。

黄继光拉着吴三羊跑到一个山坡上，和另外几个战士躲进了一个防空洞。洞内空间局促，人多挤不下，黄继光便主动爬到洞口，半截身子露在了外面，他抓了些荒草搭在身上，算作隐蔽。

"外面是啥情况啊?"吴三羊抓住黄继光的腿,想把他尽量往洞里拽拽。

"外面……"黄继光拧紧了眉头,眼前的景象,还真不知道该怎么描述。一架架敌机呼啸着从头顶掠过,黑黑的炸弹就像是羊拉屎,一粒接一粒地往下掉,还有那挠人心肺的怪音,听得人直起鸡皮疙瘩。几块炸弹碎片直接飞落到黄继光的面前,他忍不住好奇伸手去摸,却被弹片的高温烫得立马缩了回来。

一批敌机刚走,另一批又俯冲过来,这次丢的炸弹很奇怪,两头尖,中间粗,立起来恐怕得有一人高,在空中接连翻着跟斗。就在落地的一瞬间,黄继光彻底呆住了,地面溅起一团猩红的火焰,轰的一下迅速蔓延开去,转眼间,周围几十米上百米的树木花草全都燃起来了,树林里噼啪作响,浓烟吐着火舌直往山顶涌……黄继光后来才知道,这种灭绝人性的杀人武器叫凝固汽油弹。

"太狠了!"黄继光牙齿咬得咯咯响,"多好的林子啊,说不定里面还有人。"

"同志们,赶紧下山救火!"远处传来指挥员的喊声。

黄继光立马爬出洞口，招呼战士们向沟底跑去，在火光的映照中，眼前的景象把所有人都惊呆了——低垂的夜幕下，田野被炸出了许多大坑，庄稼七倒八歪，山岩被劈得四分五裂，田边、公路上到处都是大石头。附近好多树子都被烧光了，只剩下焦黑的树干，还有随处可见的尸体、残肢……

　　若不是亲眼所见，黄继光永远也想不到战争是如此的残酷无情，他有些明白了，为什么邵班长对他急于上前线的冲动总是笑而不语。一路走来，黄继光看到了被狂轰滥炸毁灭的村庄，废墟中哭声嘶哑的孤儿，数不清的种种罪行，加深了他对敌人的切齿痛恨，更增添了他的战斗豪情。

　　后半夜，敌机的轰鸣声渐渐消退，运输车队也不再出现，山林间万籁俱寂。经过上半夜的折腾，战士们早已疲惫不堪，两张眼皮总想合在一起。

　　"大家再坚持一下，今晚到三登补充给养，每人7桶罐头，7包饼干，1斤牛肉干！"指挥员的话就像一支兴奋剂，黄继光和战友们顿时情绪高涨。进入朝鲜之后，他们吃的是炒面，喝的是冷水，一口正经饭也没吃过，经过几天的行军，现在炒面也快吃完了。

然而，在三登兵站，每人只领到了 30 斤高粱米。罐头、饼干和牛肉干全被轰炸机给炸没了。战士们负重 40 多斤，现在又加上 30 斤，接下来就得负重 70 来斤，行军的艰难可想而知。黄继光的脚上已经磨出了好几个血疱，走起路来钻心地痛，可他不想拖后腿，一直咬牙坚持着。

年轻的战士们又累又困，实在是走不动了，一心盼着指挥员的哨声，盼着他宣布大家休息。部队通过了一座吊桥，又爬了一段山路，黄继光觉得肩膀生痛，待翻过一个小土坡，双肩已经没有知觉了，紧接着，腰痛，胸口痛，腿疼，胳膊疼，全身都疼了起来……

终于，指挥员下达了指令。大家喘着粗气，直接躺了下去，不一会儿就有战士呼呼地睡着了。黄继光坐下来觉得小腿凉飕飕的，伸手一摸，才发现满手都是血。

"班长，我的腿啥时候摔破的？"

"你问问腿啊？"邵赞一边取纱布一边笑道，"黄继光同志，你已为抗美援朝流下了第一滴血！"

通信员闹情绪

经过十几天的艰苦行军，部队按时到达了上级指定的集结地。志愿军的第五次战役已经胜利结束，以美国为首的"联合国军"被阻在三八线以南，此后，志愿军由运动战转入积极防御作战，疲惫不堪的部队终于得到了相对宽松的休整时间。

黄继光被分配到第十五军四十五师一三五团二营六连。这是一支英雄的部队，在抗日战争和解放战争中，这支部队曾在刘伯承、邓小平的指挥下鏖战太行，转战南北，具有光荣的革命传统和顽强的战斗作风。第五次战役中，所属六连打得最为英勇顽强。听老兵说，连炊事班的老班长都敢打敢拼，送饭途中，单用一根扁担就活捉了一个美国鬼子。

这个老班长叫李志义，40 来岁，满脸络腮胡子，是个乐天派，别看他在全连岁数最大，可干起活来卖力不说，还特别利索。这天，老班长正挑着一担水从山脚下走来。黄继光给吴三羊使了个眼色，两个人迅速从后边绕过去，一个捂眼睛，一个夺扁担。

"啊呀！"老班长敏捷地扭过身来正要反击，定睛一看，原来是自己人，"你们两个小鬼，怎么缴起我的械来了？"

"你拿扁担捉鬼子的事，咋个瞒着我们？"吴三羊歪着脑袋问，"今天我俩替你挑水，你得详细讲讲。"

老班长笑眯眯地坐下来，点了锅烟："那档子事不稀罕，没啥好白话的。你们要是想听，我就给你们讲讲七连刘兴文的事儿吧！"

刘兴文是老大哥团一三四团七连的，当时情况十分危急，七连三面临敌，战友们伤亡严重，阵地上只剩下两个人了：一个是机枪排负伤的战士赵金平，还有一个就是刘兴文。刘兴文没有半点退缩，他安排赵金平用机枪扫射远处的敌人，抵近的敌人则由他用手榴弹和爆破筒炸，他还提醒赵金平时常变换战斗位置，迷惑敌人，就这样，两个人愣是又坚持了七八个小时，打退了敌人11次进攻，总算把阵地守住了。

没过几天，营里通知开会，战斗英雄刘兴文

要来作报告了。满怀期待的黄继光坐在了第一排，只见一位个子不高的小战士走上台去，还带着几分腼腆地敬了个军礼。这就是英雄刘兴文吗？黄继光揉了揉眼睛，刘兴文开始讲话了，声音倒是挺洪亮的。

"哎，英雄的个子咋跟我们差不多啊？"后排的吴三羊捅了捅黄继光。

"你听到没？他也是个新兵呢！"吴三羊又伸手拽他。

其实，黄继光都听见了，他听得认真着呢！别看他一脸平静，心里早翻腾开了：刘兴文也是个新兵，也是小矮个，和自己差不多，走路、说话也没啥特殊的。看来，只要上了战场不怕死，真刀真枪地干，就能当英雄。老班长不是也说过嘛，人不可貌相，海水不可斗量。是英雄还是狗熊可不在个子高矮、年岁大小。

黄继光觉得自己已经准备好了，已经具备做一个英雄的条件了。现在，只等指挥员一声令下，他就会把积攒多年的、使不完的力气都使出来，他保证冲在最前面，杀敌立功当英雄！

可是，无论如何都没想到，自己既没当上冲锋枪手、机枪射手，也没当上爆破手，而是一个——通信员。

"黄继光同志，从今天开始，你就是一名通信员了，要好好干啊！"通信组张组长把他从班里领走了。

"通信员不就是送信的吗？"黄继光又急又恼。

"送信的？"张组长愣了一下，笑了，"送信也很重要啊！"

"组长，我参加志愿军是来打仗的，我不送信，我要上前线。"黄继光激动地晃着胳膊，"这些天我早就憋足了劲，恨不得现在就冲上去！"

把黄继光从班里抽调出来当通信员是指导员冯玉庆的建议，他早就发现黄继光机敏又灵活，还吃得苦，是个好苗子。可黄继光不依了，好不容易当上了兵，费尽千辛万苦赶到前线，结果就是当个送信的，这个一心向往战场厮杀的小伙子说什么也接受不了。

张组长正准备劝他一番，指导员进来了，黄继光刷地敬了个军礼，可嘴还嘟着，一脸不高兴。

屋里突然安静下来，只有摆在空子弹箱上的马蹄表"嘀嗒嘀嗒"地走着。

"小黄同志，你说说，要想打胜仗，光有前沿冲锋的没有后方保障的行不行？"指导员走到黄继光身边，继续问他，"光有指挥员没有通信员，行不行？"

"不行是不行，可我……"

"就拿它来说吧，"指导员提起那只马蹄表，"从表面上看，只有时针、分针、秒针在转，对不对？可事实上呢？"

指导员打开表的后盖，许多零件露了出来，他示意黄继光凑近一些："你看，这是发条，这个叫齿轮，我告诉你，别看它们小，缺了任何一样，表就走不动了。"

"你的意思就是战场上也一样，缺了谁都不行呗！"

"对！"指导员笑呵呵地说，"想通啦？"

"可我还是不想当送信的！"黄继光仍然坚持自己的想法，"指导员，行军路上，我见到了很多朝鲜同胞，他们的家被炸了，庄稼也烧没了，美国鬼子还不罢休，还要变着法地杀人，那些老婆婆……还有，那些小娃娃死得太惨了！"

面对"联合国军"的凶狠与残忍，手无寸铁的朝鲜人民几乎没有反抗能力，只能眼睁睁看着惨剧发生，侥幸存活下来的同胞们也承受着难以想象的痛苦。尤其是听了阿妈妮的血泪控诉，他不由想起了发财垭曾经苦难的岁月，父亲含恨离世，还有备受欺凌的小珍妹子……

更为重要的是，他再次目睹了死亡，那些再也不能复活的受害者，那些永远无法拼凑完整的家庭。一种复杂的情绪，一股不断聚焦的力量在黄继光心间升起，他只想往前冲，冲到战争的最前沿，他要为这些无辜死去的人们报仇，他要死死扼住敌人的喉咙，令不断上演的悲剧停下脚步。

"不亲手杀死鬼子，我就没法为他们报仇！"黄继光眼里噙着泪花，激动地说。

"你以为通信员只管送信？"指导员没想到，这个小黄还是个犟脾气，看来思想工作还不太好做，得动动脑筋才行。

"通信员不就是送信的吗？"黄继光坚持道。

"错！可不是送信那么简单，通信员比别的岗位难多了，不仅打枪放炮、摸爬滚打什么都得会，还要跟指挥员学战术，到了关键时刻就必须顶上去！"指导员神情严肃，提高了嗓门，"告诉你，通信员立功的大有人在！解放战争中，有一位指挥员牺牲了，他的通信员就接替了他的位置，沉着冷静地指挥了一场战斗，后来，他立了大功，也成了一名优秀的指挥员。"

黄继光这才高兴起来，心里盘算着：什么都得会那就是什么都得学，等着吧，等我什么都学会了，有的是冲锋陷阵的机会！

什么都想学的急性子

盛夏，骄阳似火，战士们练兵的劲头却比火还热。营里开展了"官教兵，兵教官，兵教兵"的活动，老战士手把手地教，新战士虚心地学——投弹、刺杀、射击、爆破……山上山下杀声阵阵。

崎岖的山路上，黄继光正全神贯注地练习战场通信。张组长喊"敌机"，黄继光就迅速卧倒，过了一会儿，张组长又模仿炸弹"轰——"，声音刚落，黄继光麻利地爬起来，弓着腰飞跑。

练兵中，黄继光被各种武器迷住了。三八大盖枪，倒是当民兵时就会打，但实弹射击的机会很少，现在有条件了，他就想趁机多加练习。至于冲锋枪，转盘式的、插梭子的，黄继光摸都没摸过。打冲锋的战士个个都挎着枪，神气威武地往那一站，可把黄继光羡慕坏了，一有空就去找他们，怎么上子弹啊，又怎么瞄准啊，枪筒子打红了怎么办，都要一一问个明白。黄继光机灵好学，又说得一口俏皮的四川话，战士们都很喜欢他，知道他心思的就时常逗他。

"小黄，到我们班来吧，我们是尖刀班，一有任务，总是我们最先上！"

"跟我们练，我们班长用冲锋枪打下过一架美国飞机呢！"

听得黄继光牙痒痒，他憋着一股劲，更投入了：轻机枪、重机枪、打坦克，他一样都不放过，跟着报务员学报务，见了电话员就学接线，冲锋班射击演习他要去，卫生员救护训练他也参加。

"不许再这样瞎折腾了！"张组长把黄继光拉出训练场，严肃地批评道，"你这是猴子掰苞谷！"

黄继光心想，自己这么卖力地学，组长咋还生气了呢？张组长见他一脸疑惑，就压下火来，招呼他坐下。

"一会儿学这个，一会儿学那样，我看你什么都学不会！这就好比是打井，你东挖一锹，西挖一锄，能出得来水吗？"

"你是通信员，当务之急是把通信员的技能练好，迅速、准确地把首长指示传达到战斗班组，这才是你的本职工作。"

"指导员不是说，通信员啥都得会，我这不是想多学点吗……"黄继光有些委屈。

"欲速则不达！"组长给他倒了一杯水，"小黄啊，你太性急了！不管学什么，都不能着急，要下真功夫才行。"

黄继光低下了头，组长说得对，自己是太着急了，恨不得一天之内就把所有本事都学会。瞧瞧这些天，啥都见了啥都摸了，可真正学会了吗？

其实，营参谋长张广生也注意到了黄继光，这个什么都要学的小战士，又聪明又机灵，一点就通，关键是还肯学肯问，爱思考。前几天，黄继光跟着连长万福来学战场指挥，张广生就开玩笑道："你这个通信员不简单哪，小心顶替了你连长的位置！"

"还差得远！"万福来嘴上虽这么说，心下却窃喜不已，毕竟营参谋长夸的是自己的兵。连里就要进行攻防演习了，万福来也想借这个机会好好考察一下黄继光的应变能力。

一个月光皎洁的夜晚，微风吹拂着山脚下的野花杂草，空气中竟有一丝清甜的味道。黄继光望着远处，群山巍峨，星星点点的灯光，和家乡发财垭的小土坡一点都不像，可他还是想家了，惦记起了妈妈和兄弟们，他也很想念小珍妹子，不知她现在可好。

随着连长一声令下，演习开始了。一排担任假想敌守山头，二排正面攻击，吸引敌人的火力，三排实行迂回从侧翼突破。

"黄继光!"连长叫道。

"到!"

"立即去三排传达命令,实施向敌人侧后迂回,强攻敌人阵地,15分钟拿下山头!"

"是!立即命令三排,实施向敌人侧后迂回,强攻敌人阵地,15分钟拿下山头!"

流利地复述完连长的命令,黄继光躬身向三排跑去。

"敌人"开始射击了。一路上,黄继光借助地形地物隐蔽前进,时而卧地侧滚,时而跃起曲线跑动,动作连贯又准确。几分钟后,黄继光传达命令完毕。这个时候,敌人的火力突然加大,他换了一条路线,趁着火力间歇的瞬间,迅速返回了原地。

令他意外的是,连长不见了,连部的人员全都无影无踪,没错啊,刚刚就是从这儿出发的。黄继光环视四周,西南方向有一处洼地,那里杂草丛生,灌木茂密,是个隐蔽的好地方。他快速思忖着,部队进攻方向是西南,连部要是隐蔽在那块洼地,就能离部队更近些,也更便于指挥,是不是转移过去了?

跑到洼地一看，果真如此，连长万福来问他："黄继光，你怎么找过来的?"

黄继光说出了自己的推测，万福来笑着对他点了点头。

"黄继光虽是第一次参加演习，但他传达命令及时、准确，处理情况机智、果断，尤其是当他发现指挥所转移后能够保持镇定，迅速作出判断，值得大家学习。"演习结束后，连长万福来把黄继光狠狠地表扬了一番。

"但是，涉水过河时有所犹豫，一开始你是想直接从河上的小桥走，对吗?"万福来问道。

"嗯!"黄继光点点头，连长可真厉害，我心里怎么想的他都知道。

"如果是实战，那座小桥要不是被炸了，就很可能被敌人火力控制了，走桥上万万不可。还好，犹豫之后你选择了涉水过河，可在这里，你耽误了将近一分钟。"万福来神情严肃地看着他，接着说，"别小看这一分钟不到的时间，很可能就会误了大事!"

虽然受到了表扬，可连长后面批评的话也很

重，战况瞬息万变，要想打好仗，自己还差得远呢！

第二天起，黄继光就老实多了，不再嚷着学这学那的乱串门了。但是，学还是要学的，他列了一个清单，把自己想学的通通记下来，写不出来的字都是廖武帮他写的。急性子的黄继光终于摁住了心头的着急，决定踏踏实实地学，一样一样地学。

初涉封锁线

部队经过 10 个月的休整后，奉命开赴五圣山防御作战。黄继光和他的战友们被调往前线，坚守在五圣山前的一个高地上。五圣山位于朝鲜中部，是朝鲜东海岸到西海岸的联结点，控制着金化、铁原、平康三角地带，西瞰金、铁、平的平原地区，东扼金城通往通川至东海岸的公路。这是朝鲜中部战线的战略要地，是平康平原的天然屏障。

终于到前线了，黄继光每天都干劲十足，除了当好通信员，闲不住的小黄又四处忙活开了，帮军械员打铁、发灯油，帮伙房砍柴、烧火。虽然每天又累又充实，黄继光还是不满意，毕竟，这还不算最前沿，还没能经受真正的炮火考验，他等待着机会。

有一天，副指导员叫住他："你把这封信送给营教导员，他在二排阵地上检查工作。要快。"

"是!"黄继光接过信，手心不知不觉沁出汗来，天天盼着上前线，这次是真的要去了，那可是得通过炮火封锁线的前沿阵地啊，黄继光又兴奋又紧张。

正巧，通信员大兵从前沿下来要返回，黄继光就跟着他走。还没走几步，黄继光就听到有炮弹出膛的声音，紧接着头顶呜呜地飞过一群黑压压的东西，像饿狼嚎哭一般，他不禁缩住脖子，弓下腰，把身体压低再压低。

"这种情况没关系。"大兵一把将他拉起来，"你听到它呜的一声，说明炮弹已经飞过去了。可要是'嗖'的一声就坏了，得赶快趴下，炮弹肯定会落在你附近。"

黄继光认真听完，点点头。两人蹚过了一条小河，又踩进一块泥泞的烂田，大兵告诉他，转运站就在附近。果然，小道上战士们来来往往，有的扛着弹药，有的背着粮袋，个个都气喘吁吁、满头大汗。再往前走就没有路了，地面高低不平，随处可见的炮弹坑，像一张张黑色的大嘴吐着热气。看来，这儿刚落过炮弹。

"小黄，你跟着我，注意要拉开点距离。我怎么动作，你就怎么动作。"大兵神情严肃地叮嘱他，"记住，在封锁线上要停就停，要走就马上走，千万不能犹豫……"

大兵的话还没说完，前方又传来一阵炮弹出膛的声音，射击方向正冲着二人。来不及多想，二人应声趴下，眼前红光一闪，"咣咣"几声，炮弹就在附近爆炸了，剧烈的震动中，烟雾腾腾，弹片四散开来。

"注意排炮！"大兵冲着不远处的黄继光大喊。

话音刚落，一排炮弹落在了他们的右后方，泥水飞溅，黄继光赶紧把灌进耳朵的泥水抖掉，爬

跨过鸭绿江   073

起来继续走。两个人就这样走走停停，总算是顺利通过了封锁线。接下来，要开始爬山头，黄继光这才发现自己全身都湿透了，衣服裤子上糊满了泥浆，皱皱巴巴地贴在身上。他顾不得整理，急急地翻过山去，跟大兵一起俯身钻进了洞口。

"二排就在这里。"大兵说。

洞口不高，人要往前走腰就得弓着。正值雨季，洞里又闷又潮，积水也很严重，借着手电筒的光，黄继光看到坑道两边堆着粮食和弹药，弹药堆上还有战士在睡觉，这就是坑道。面对"联合国军"先进的武器装备，志愿军在没有制空权、地面炮火也不充裕的情况下，只能选择坑道进行山地防御。

转运站附近遇到的运输队就是给坑道补给的，战友们扛着沉甸甸的物资，又要爬山头，还要躲过敌人的重重炮火，太不容易了。这里每一小块地方，每一件物资，都格外宝贵。

两人在弯弯曲曲的坑道里往前走，突然间手电灭了，眼前一片漆黑。原来是大兵没留意，碰到了洞顶的木头，他两眼一花，差点儿栽倒。

"看来，矮个子也有占便宜的时候！"黄继光哈哈一笑。

再拐过一道弯，眼前出现了一盏小小的油灯，灯光昏暗，灯头上摆动着黑烟。这种油灯是战士们用罐头盒子做的，大家称它为"小太阳"，靠着它，走路能方便一些，高个子也可以避免自己撞到洞顶上。

二排到了，黄继光见到了营教导员，把信交给了他。此时，营教导员正在研究一张军用地图。地图上印着一圈圈指纹似的曲线，标记着各种数字："597.9""537.7""782"……黄继光知道，每一个数字都代表一个阵地，战士们就在这些数字所代表的阵地上战斗着、坚守着。

返回洞口的途中，黄继光碰到了邵赞班长，班里的战士们正蹲在泥水里干活呢，每个人的衣服都湿漉漉的。邵班长告诉他，坑道还需要继续挖，往深处挖。

"火元子哥哥，你怎么来啦？"吴三羊不知从哪里蹦了出来，欣喜地跟他开玩笑，"你到了这里，就是客人哟，快坐下来休息！"

吴三羊又瘦了，但是眼睛亮亮的，看起来精神还不错。

"谁是客人?"黄继光一把夺过锤子，"来，让我帮你们打几锤!"

"先别着急干活。"邵班长拦住他，"你第一次来，先到各个洞子里转一转，熟悉熟悉地形，以后送信好找些。"

"要是累了，就到咱们班来休息!"吴三羊笑嘻嘻地看着他。

黄继光点点头，把锤子还给了吴三羊，想说句保重的话，没说出口。邵班长告诉他，上面是观察所，左边是指挥所，右边是广播站，这些关键位置一定要记牢，黄继光一边走一边看，认真记下了每个坑道的路线和位置。

草人截炮

1951年夏，朝鲜战争进入战略防御阶段，毛主席和中央军委作出了战争双方将"长期相持于三八线"的正确估计，提出了持久作战、积极防御的方针，并确定实行"零敲牛皮糖"的战术。1952 年春，在构筑以坑道为骨干的支撑式防御工事的同时，志愿军利用五圣山地形复杂、林深草密的特点，广泛开展"冷枪冷炮"运动。

一天，黄继光去二排坑道送完信，正要往回走，被吴三羊拉住了。

"快到我们狙击台瞧瞧去，鬼子出洋操啦!"

"啥洋操?"黄继光莫名其妙。

"嘿，你看了就知道啦!"吴三羊拉着他一边走一边说，"只要我们这边指头一勾，啪嗒一声，那边的鬼子就两手一伸，立马栽倒。哈哈，标准的美国式!"

正说着，坑道外就传来了清脆的枪响，一个战士把头伸进坑道口，兴奋地喊道:"继续报告战果，肖登良又撂倒一个，还是个军官哪!"

"厉害吧!"吴三羊伸出 5 个指头，自豪地说，"晓得我的成绩吗? 我也干掉它这个数啦!"

"当然，跟他们比，我还差得多，还要继续努力。"吴三羊说完笑了笑，又有些不好意思。

冷枪冷炮果然厉害，打得鬼子们心惊胆战，虽然自己没打过，可看到战友们干劲十足的样子，黄继光心里也痛快极了。雷声滚滚，天空阴沉沉的，看样子又要下雨，黄继光刚走出坑道，就听到一阵密集的枪响，接着就是轰隆轰隆的炮声。他扭头就往回跑，却看见有个狙击台被炮弹炸毁了，狙击手负了伤，倒在一旁。他急忙跑过去，冒着炮火背回了狙击手。

原来，被冷枪冷炮扰得心神不宁的美国鬼子终于坐不住了，调动了大批飞机和坦克，开始疯狂报复。只要发现哪里打枪，它的坦克就朝哪里轰，飞机就朝哪里炸。就这样，许多狙击台被破坏了，阵地上的草丛树木也被炸秃了。隐蔽物没了，狙击手的安全也就成了问题。

在想出应对方法之前，冷枪冷炮只能叫停。营部的同志开会讨论了好几次，还是定不下一个合适的方案。黄继光急在心里，白天想，晚上也想。

一天清早，老班长和几个同志一边干活，一边你一言我一语地出着主意，远远看见黄继光背着一捆草从山上飞奔而下，嘴里还在喊着些什么，也听不清。

"哎呀，这个急性子的小黄啊！"老班长打趣道，"背捆草也这么着急，要是摔一跤，就得骨碌骨碌滚下来了！"

大家听完都哈哈大笑，只见黄继光兴冲冲地把草往众人面前一撂，也不管他们笑什么，自顾说道："嗨！我有法子啦！"

"啥法子？"大家看看黄继光，又瞅瞅那堆草。

黄继光没吱声，蹲下来七捆八绑扎出一个草人，然后竖起来，把自己的帽子给草人戴上。大家看得更是一头雾水了。

"怎么样？在我们老家，这个家伙插在庄稼地里可以轰走麻雀。"黄继光一屁股坐下来，抱着水壶猛灌了几口，卖起关子来。

"那又如何？难不成它能替咱们打了鬼子？"大家还是不明白。

"打鬼子是打不了，唬鬼子嘛……我倒是有个办法。"黄继光拎起草人，连说带比画地把他的想法演示了一番。

"哎，这倒是个好点子。"

老班长端详着草人，摸了摸胡茬，说道："当年诸葛亮'草船借箭'，就是扎的这玩意儿……"

"现在，咱们就来它个'草人截炮'！"黄继光高兴地接过话。

营里认可了这个方案，当即下达命令，全体人员上山割草，扎了许多草人。黄继光和战友们连夜把草人送到了前沿阵地，在远离狙击台的地方布置了许多假工事，再把草人一个个放进去，只露出个帽檐。

第二天，几个鬼子刚从地堡里探出头，只听"砰砰砰"几声枪响，鬼子们又做起了"洋操"。不一会儿，炮弹就轰隆轰隆打过来了，一颗接一颗地在草人堆里爆炸，有的草人被炸飞了，有的还挺立不动。地堡里的敌人以为得逞，纷纷伸出头来，不料，我们狙击手的枪又响了。

草人截炮还真管用！为此，教导员专门开会表扬了黄继光肯动脑筋想办法，号召大家都行动起来，不仅要和敌人斗勇，还要和敌人斗智。大家有空就聚在一起讨论，制定出"你不出来，我去

摸你"的战术——白天，冷枪冷炮地打；晚上，小分队就神出鬼没地伏击、袭击，还顺手牵羊搞"副业"。

电话班的战士跟随小分队行动，别人设伏、出击，他就乘机收割敌人的电话线，每次都能扛回一大捆。还有的把敌人埋在铁丝网内外的地雷起出来，再布设到我们自己的阵地前。

六连也不甘示弱，今晚，连里安排六班行动，大家都摩拳擦掌，只等出发了。

"还有啥困难？"检查完大家的携行后，连长万福来问道。

"就怕走动有响声，不等我们接近敌人，就哗哗啦啦地让敌人发现了。"班长邵赞说。

"出发前，大家再把身上出声的东西检查一遍，洋锹、水壶都要捆紧，还有子弹匣里的子弹。"连长指示。

"最好是跳一跳，滚一滚，看看有没有响声。"有人出主意。

好多人当场就跳起来，坑道里闹哄哄的，还夹杂着阵阵咳嗽声。

"咳嗽绝对不行，一咳嗽准完蛋。"

"可我嗓子痒痒，万一憋不住怎么办？"

"我有办法。"黄继光从挎包里掏出一包东西，是小枣儿大小的水果糖。灯光下，红的、绿的、黄的，格外好看，糖块外边还粘一层砂糖粒儿，散发出诱人的甜香味，大家看着都馋。在坑道里，糖果可是稀罕物。

"这东西一嚼，口水就来了，口不干就不会咳嗽！"黄继光像发奖品似的给每个人都发了几块，"这可是我刚在营里得的，知道你们今晚行动，就赶紧给你们送来了！"

坑道中的苦与乐

1952 年，前线阵地上虽以坑道为骨干的支撑式防御工事已经完成，但进入夏季的多雨天，坑道里还是四处漏雨。战士睡觉时在铺顶上撑一块油布，过不了多久雨水就积满了，油布像猪肚子一样鼓鼓囊囊的，战士们又得爬起来把雨水倒掉。

坑道里空间有限，很多战士没地方睡觉，就坐在弹药箱上打瞌睡。灯油里进了水，油灯也不好点，你刚点着，只听它"噼噼啪啪"一阵爆响，火就灭了，大家经常在黑暗中摸着走。

洗澡就更不可能了，又闷又热的坑道里战士们成天都汗淋淋的，衣服也没法换洗，每个人身上都散发着难闻的馊臭味。

最近，敌人空袭频繁，前线部队没法再生火做饭了，全靠 10 公里外的后方送。官兵们睡不好，又吃不好，加上长期窝在洞中，见不到太阳，许多人面色苍白，四肢无力。有的战士一下阵地就腿发软，跌倒在山坡上。

每次去送信，黄继光总惦记着给战友们做点啥，带点啥。一天，黄继光跟着副指导员到前沿阵地办事，还背来了两箱饼干。战士们正弯着腰卖力地干活，身上的衣服全湿透了，见到黄继光，都亲热地围上来跟他打招呼。

"路这么烂，你们怎么来了？越下雨，敌人的炮不是打得越凶吗？"邵赞班长问。

"来给你们送饼干呀!"黄继光兴冲冲地打开箱子,给大家发饼干。

"太好了!"邵赞搬过两个弹药箱,热情地招呼副指导员和黄继光,"来,快坐下来歇一歇,你们辛苦了!"

"唉,和你们比起来,我们在后方真是太享福了。"黄继光有些惭愧地看着大家。

"来,你也吃。"邵班长打开饼干递给他。

"我有啥资格吃?"黄继光推辞道,"我在后方吃得饱着呢!"

物资紧缺的前沿,能吃上几块饼干,简直太幸福了。战士们虽饿,却也舍不得一下子吃完,都小口小口地咬,不时地吧唧嘴品咂着滋味,这饼干真是又脆又香啊!看着大家一脸享受的样子,黄继光别提多高兴了。

"慢慢吃,别着急,我还有好东西!"黄继光神秘地一笑。

"班长,你看,这是啥?"没想到,黄继光变戏法似的从身上掏出了几包烟,"听说你们没烟抽了,就攒了这些。"

"班里早就没烟抽了。上次司务长分配到了一些，大家也不敢多买，这里太潮。你别说，瘾上来了，还真难熬。"邵班长烟瘾大，见了烟自然是喜出望外，急忙抽出一根够到油灯前去点。

"呼——"邵班长美滋滋地呼出一口烟，欣慰地拍拍黄继光，"小黄，你不是不抽烟吗？怎么买了这么多？"

"嘻嘻，这你就别问了。"黄继光抓抓头。

坑道里，战士们生活苦闷，休息时能抽上一支烟，就算是莫大的享受。上个月，部队发津贴，黄继光把一部分寄回了家，另一部分就拿去买了烟，而且一买就是20包。

"买这么多烟干什么？你又不抽。"司务长奇怪地问。

黄继光不置可否，他把这20包烟小心地保存起来，太阳一露头他就拿出来晒，晒好了，再放到不易受潮的地方。最近，听说大家的烟都抽完了，他就把烟带了过来，这个班送几包，那个班送几包。

"我们的小黄同志想得太周到了，太感谢你

啦!"邵班长和战友们都很感动。

"不用谢,这是我的责任。"黄继光拽了拽吴三羊的衣袖,"对了,指导员让你们把脏衣服都脱下来,要我带回去。"

"有人给洗?"

"你先别管这个,脱下来就行了,这是指导员的命令。"黄继光一副公事公办的样子。

其实是他自己洗,怕大家不同意,就打着指导员的旗号编了个理由。每次来,黄继光都忍不住感叹,坑道里的生活实在是太苦了,他就老琢磨着做点啥。他的想法很简单:自己的能力有限,为大家分担一些是一些。长期奔波劳累,黄继光严重缺乏睡眠,两眼发红,眼圈发黑,原本圆团团的脸颊已经凹陷下去,整个人消瘦了许多。

听说肖登良胳膊受伤,黄继光专门跑去看他,这家伙正支棱着胳膊,伏在瞭望孔前观察敌情呢,黄继光把兜里一直舍不得吃的苹果塞到他手里:"你吃个苹果,我替你观察敌情。"

肖登良咬了一口,真甜!苹果的香味直往鼻子里钻,他赶紧把苹果递到黄继光嘴边,示意他也吃。

"你吃，你吃，我吃过了。"黄继光推了回去，"我问你，你是不是也解不出大便？"

肖登良面露难色，可不是吗。他还算好，就是解不出大便，好些伤员连排尿都困难，卫生员们想出各种办法帮他们解决问题，别提多难为情了。

"别着急，我告诉你，很快就解得出了！"

"你也要帮我？"肖登良吓得睁大了双眼，连连摆手，"不行不行，我还是自己来。"

"哈哈！不是这个。"黄继光乐了，"告诉你一个好消息，很快就能吃上新鲜的蔬菜了！"

"对，我也听说了。"廖武凑过来，如今他干活可积极了，胳膊练粗了，力气也大了不少，"我听说你在后方种了菜，还发了豆芽，怎么回事？"

大家都知道，敌机到处狂轰滥炸，后方早就种不了菜了。还是黄继光给炊事班长出了个主意：先在地边上挖些避弹坑，敌人放炮，战士就躲进去。有一天，敌人连放了好几个排炮，全落在菜地附近，等大家爬出来一看，土被翻了一遍，酥土都快埋住脚脖子了，比战士们自己挖的还深。大家将计就计，在美国"翻土机"的帮助下开了好几亩地，兴高采烈地撒了菜籽。好不容易菜苗有了一寸高，敌机又来了，菜地炸飞了好大一块。几个小战士伤心地哭了起来，黄继光一边劝一边四处捡，把没炸烂的菜都捡回来，补到土里继续种。就这样你炸，我补，基本上每棵菜都挪过窝。眼下，总算是要长成了。

"最迟后天！"黄继光大声宣布，"后天给你们送菜来！"

"太好了！有了蔬菜，就不用喝松叶水啰！"廖武欢呼起来。由于缺少新鲜蔬菜，战士们便秘严重，只能靠喝松叶水来缓解。可那松叶水又苦又涩，特别难喝，每次喝完，廖武都要恶心半天，吃不下饭。

坑道生活虽苦，乐观善良的黄继光一直尽自己最大的努力帮助战友，同严酷的战争环境较量着，抗衡着。不怕苦不怕累的他，始终像一团火，总是给大家送去温暖和喜悦，异常艰苦的战斗岁月也平添了几分欢声笑语。

04 巍峨的五圣山

荣立三等功

1952 年的整个夏季，从五圣山到西方山，在第十五军近 30 公里防线的崇山峻岭中，志愿军掀起了热火朝天的筑城运动，战士们要在山肚子里建造出能打、能防、能机动、能生活的"阵地之家"。

六连主要担负运送圆木的任务，战士砍下山后的松树，修整成圆木，再扛着它们穿梭在五圣山的硝烟弹雨中。黄继光和战友们一样，也在紧张地忙碌着。

从山后到前沿阵地有两条路，大路从山脚绕，比较好走，小路直插山顶，陡峭难行。刚开始，大家都走大路，可黄继光觉得绕远道太耽误时间了，便和两个战友合计，准备去探探那条小路。

漆黑的夜里，3 个人各自扛着近百斤重的圆木往山上攀爬，这是条羊肠小道，两旁都是耸立的峭岩，越往上越难走，再往上，就没路了，只得硬闯。黄继光一边抓着乱藤树根费力地往上爬，一边鼓励着战友。

快到山顶时，一个战士脚下一滑，眼看就要摔下去，黄继光急忙把他拉住，使出浑身力气总算顶住了木头。就快要到了，山那边是一个斜坡，阵地就在坡下不远处。

"你俩别动，我先来试试。"黄继光说着就坐了下去，把圆木斜抱在怀中，"要是我成功了，你俩就照我的样子做。"

这个办法还真行，黄继光顺顺利利地就滑到了山下，高兴坏了，比走大路足足少用一半的时间。这天夜里，别人走大路送了两趟，黄继光他们送了 4 趟。后来，大家都改走小路了，方法也有所改进，接近山顶的那一段特别难走，战士们就拉开队形，互相传递，从下到上，一根一根地集中到山顶，大大加快了运输速度。

这样一来，运圆木的工作就轻松多了，战士们也不用那么辛苦。唉，要说苦，还是在前沿挖坑道的战友们最苦，黄继光总嫌自己帮不上什么忙。

要挖出坚固耐用的坑道，可不是简单事：坑道口厚度 10 米至 15 米，坑道宽 1.5 米、高 1.7 米，顶部厚度至少 30 米，每个坑道还要有两个以上的出入口⋯⋯难度可想而知。更为费劲的是，开挖地的石头属于青坚石，一根一米多长的钢钎，打不了一个炮眼就秃了。因此，一天只能挖进去 40 多厘米，按这个速度，根本没法迎击敌人随时可能发动的进攻。

一个叫何大发的战士想办法解决了这个难题。他在老家打过铁，知道打好的镰刀片有的必须插进水槽，有的则需要插进土里，刀片的软硬取决于冷浸时间的长短。根据这个原理，他自己起火炉，反复试验了很多次，由于缺乏工具和保护措施，两只手伤得血肉模糊。好在最后成功了，改良之后的钢钎，一根能打四五个炮眼。

黄继光很受触动，觉得自己也应该多做些什么。因此，每次到了前沿，他就跑到工地上，不是抡大锤，就是帮着扶钢钎。发现拉石渣的小车散了架，他就用弹药箱做一个新的送过去，铁镐铁锹使坏了，钢钎磨秃了，他就默默收拢，背回铁工组修好再送回工地。

一天清早，副指导员刚起床，就看到机炮连的指导员拿着一封感谢信，兴冲冲地进了屋："谢谢你们，总派人帮我们打坑道！"

"你们弄错了吧，我没派人呀！"副指导员一脸莫名其妙。

"错不了，就是你们连的。他到我们工地帮忙好几天了，干起活来可卖力啦，我们连的战士都要为他请功呢！"

"什么模样？"

"圆脸，个头不高，约莫 20 来岁吧。"

"叫什么名字？"副指导员一听，有了点眉目。

"哎呀，他干完活就跑。"正说着，机炮连指导员往外一指，惊喜地喊道，"那不是嘛，就是他！"

只见黄继光背着挎包走进来，脸上还留着一道道汗迹。

"哈！这次可找到你啦！"机炮连指导员上前一

把抓住他，生怕他跑了似的。

原来，最近一段时间，机炮连在坑道掘进中遇到较硬的土层，进度缓慢。黄继光去前沿送信，正好从他们坑道口经过。知道这个情况后，黄继光一有时间就跑到机炮连的工地上劳动。一开始，机炮连的战友们以为黄继光是刚补充到连队的新战士，后来一打听又不是，大家心里都很纳闷。

昨天晚上，黄继光送完信已经半夜两点了。从机炮连洞口经过时，他探头一看，运土的小车进进出出地忙碌着，工具的叮当声和"吭哟吭哟"的号子声响成一片，机炮连正为赶进度搞突击呢。黄继光心想，反正离天亮还有好几个钟头，就一头钻进坑道里，和战士们一起抢大锤，一直干到了天亮才走。

黄继光不分分内分外，拼命工作，主动挑重担的先进事迹受到营里的表扬。评功会上，后方和前沿阵地的同志一致为黄继光请功，经支委会讨论、上级批准，黄继光荣立个人三等功。1952年7月，连队支部也批准了他的入团申请。黄继光光荣地加入青年团啦！

第一次参加战斗

五圣山的晨雾还没散尽，一个加强连的敌人就向我 454.4 高地东南的无名高地发起了疯狂进攻。敌人这次突然袭击，显然是一次报复性进攻。六连驻守无名高地两个月，冷枪冷炮杀敌近 300 名，敌人损失惨重，无名高地成了他们急于拔掉的眼中钉。

"小黄，你准备一下，跟我到前沿去！"连长万福来对黄继光说。

"是！"黄继光响亮地应声道，又歪过头来问，"连长，去干啥？"

"你不是一直嚷着要到前沿打仗吗？这次就满足你，负责通信联络！"

黄继光一听高兴极了，这可是头一次到前沿战场去参加战斗。他跟着连长一路冒着炮火赶到了半山腰的一个坑道口，连指挥所就在旁边的掩蔽部里，距离东南无名高地也只有几百米了。

炮弹不断在周围爆炸，指挥所被重重烟雾笼

罩着。帐篷顶上的覆土震得唰唰直往下掉，油灯从箱子上跳起来，翻着跟头栽到了地上，碗柜里的小瓷碗也全都摔了出来，叮叮当当四处乱滚。黄继光站在连长身边，瞪大眼睛，全神贯注地通过瞭望孔观察前沿的战斗情况，等待着战斗命令。

"丁零零……"响起了急促的电话铃声。连长万福来急忙抓起耳机，里面传来团长的声音："前沿情况怎么样？"

"报告团长！敌人总共发动了 3 次进攻，都被我们打退了。请团长放心，六连在阵地在！"

"好，有情况马上报告。"

"是！"万福来答道，随后立即要通了在二排阵地负责指挥的副连长。还没讲两句，电话就不通了。万福来马上命令步话员与前沿联系，步话员喊了半天也没有回音。联络中断，情况不明，连长急了。

"电话员，查线！"

"连长，我去吧！"黄继光大声说道。

万福来这才发现两个电话员都派出去了，他端详着黄继光，只见他手拿钳子，背上挎了好几圈电线，便问道："你会接线吗？"

"我跟电话员学过，能接！"

"注意隐蔽，动作要快！"万福来一挥手，情况紧急，也只能这样了。

"是！"黄继光提起冲锋枪，一弯腰钻出了指挥所。

一路上，敌人的炮弹不断袭来，黄继光根据声音判断着弹点的远近，时而卧倒，时而飞跑，拐着弯儿地往前冲。线路上烟雾腾腾，炮弹一排挨一排地炸，电线一断就是好几截，一截一截全埋在了乱石泥沙里。黄继光仔细找寻着，找出一截接一截。

再往前是道山梁，这儿是敌人炮火的固定拦阻区。又一排炮弹在前面的线路上爆炸了，升起喷泉似的火柱。黄继光急忙奔过去，交通沟被炸出了一个大坑，线头却不知给炸到哪儿去了。

山梁上的土都被打酥了，黄继光像掉进了灰窝一般，脚一踩就往下陷。烟雾和尘土迷得人睁不开眼睛，擦着地皮用手摸了半天，总算是摸到了，拉出来一看，却是条小树根。

这时，炮弹带着啸音飞来，黄继光连忙滚向旁边的弹坑。借着爆炸的火光，他猛然发现，另一个线头挂在树杈上，赶紧扑上去把线头拉了下来。电话员教过他，咬去一截胶皮，再和自己带的线头拧在一起，一定要拧紧拧结实。然后，他又返回前面的弹坑，迅速接好了另一头。

正要继续前进，一架被战友们戏称"老病号"的飞机贴着山梁飞过来了。这种飞机飞得很低，速度也慢，像个病汉子。它好像对这儿不放心，始终盘旋在山梁上空，忽上忽下地呜呜怪叫着，炸弹更是成批成批地往下落。

"糟糕！敌机发现我了！"黄继光仰脸自言自语道，耸起浓黑的眉头，满心焦急。眼下，战事紧迫，连长急需了解前沿的战斗情况，前沿的同志正等着连长的指挥，一分一秒也不能耽误呀。

他躬身一跃，跳出了弹坑，借着炮火的烟雾和"老病号"捉起迷藏来。他跳过一个个还在冒烟的弹坑，从这团烟雾里冲出来，又迅速蹿进另一团烟雾里。一边躲，一边找线头。就这样顺着线路，终于到达了无名高地，黄继光一个滚翻，飞身跃进了二排隐蔽部，刚要报告，一眼就瞧见副连长正拿着电话通话呢！成功啦，黄继光尝到了完成任务后特有的喜悦。

"我们小黄好样的！"副连长通完话，激动地上前抱住了黄继光。

此时，我们的小黄浑身上下被熏得乌黑，脸上的汗水直往下淌，衣服也撕得破烂不堪，只有两只眼睛还闪着亮光。回到连指挥部，连长也高兴地表扬了他。

战斗持续到下午两点，敌人的进攻一次次被打退，可是新一轮的攻击紧接着又来了。"敌人的进攻为啥组织得这么快？"连长万福来一边注视着被炮火包围的前沿阵地，一边思索着。他拿起电话摇了摇，谁知电话又断了！

"连长，我再去接！"黄继光腾地又站到万福来面前。

"不！"万福来放下耳机，想了想说，"你马上去六班，叫六班长亲自侦察一下，敌人是否在我前沿附近屯集着预备队，在哪里？离我们有多远？问清楚之后赶快回来报告。越快越好！"

"是！"黄继光复述了一遍连长的命令，往腰里别上几枚手榴弹，提起冲锋枪就冲了出去。

六班在二排的最前沿，阵地上硝烟滚滚，炮火连天，敌人的封锁十分严密。六班阵地上一人深的交通沟都快炸平了，地面烧成了灰黑色。战友们刚打退敌人第十一次进攻，正忙着赶修工事，补充弹药。

"小黄，有任务吗？"六班班长邵赞见黄继光来了，欣喜地拉住他的手。

"连长叫你……"黄继光刚想说，却看到邵班长的腿上缠着绷带，鲜血透过绷带渗了出来。他本想把"亲自"两个字改一改，又觉得不对，按照规定，通信员必须原封不动地传达上级的指示，便略带迟疑地说，"亲自侦察一下，看敌人是否在我们前沿附近屯集着预备队，在哪里？离我们有多远？"

"是！我马上就去！"邵赞说完就要走。

"可是你——"黄继光急忙拉住邵班长，指了指他的腿。

"没啥了不起，它擦破我一块皮，我撂倒它二十来个啦，没赔本！"邵班长诙谐地笑了笑，迅速爬出了工事。黄继光还是不放心，从瞭望孔里注视着邵班长的行踪，忽然，向前爬着的邵赞停住不动了，周围溅起一股股土花。黄继光反应过来，是敌人封锁太密，没法前进了，怎么办？有了！去把敌人的火力引开。

来不及多想，黄继光端起冲锋枪跳进掩体，冲着敌人狠狠地射击，敌人的火力马上就转过来了，密集的子弹不停地钻进掩体前的土堆里。六班的战友们明白了黄继光的意图，也纷纷效仿。不一会，邵班长爬回来了，喘着粗气说："敌人……在四号目标……凹部，大概有两个连正在集结……快报告连长……叫炮兵干掉它！"

敌人又开始炮击了，黄继光冒着炮火赶回连指挥所，把邵班长侦察的情况报告了连长。

"好，任务完成得非常好！"连长万福来马上抓起步话机。

不一会儿，我们的大炮发威了。成群的炮弹呼啸着掠过阵地上空，飞向敌人。这天，坚守无名高地的六连，共打退敌人大大小小10多次进攻，歼敌100多名，敌人报复性进攻被彻底粉碎。

小黄"争夺战"

1952年9月，志愿军开始对美军实施全线战术反击作战。10月，美军则发动了代号"摊牌"行动的"金化攻势"，企图夺取金化前线五圣山前沿上甘岭地区的597.9和537.7两高地——这个地区正好卡住了美军的咽喉。

美军动用飞机大炮对五圣山阵地轮番轰炸，严密封锁志愿军阵地给养，同时大力抢修工事，频繁运送辎重武器。双方阵地争夺越来越频繁激烈，伤亡也越来越大。有战场经验的人判断出，大战即将来临。

战争以人们无法想象的惨烈方式持续着。常常是白天敌人攻占我方阵地，夜间我军又在坑道部队的配合下反击夺回。在这种拉锯式的争夺战中，营部阵地也遭到了重创，营部通信员壮烈牺牲。

营参谋长张广生当即向营长秦常贵推荐了黄继光。听完张广生的介绍，营长点点头："这个小黄我也听说过，又机敏又能干。"

"只怕万福来不肯放人，小黄可是他们连的宝贝！"张广生了解情况，万福来肯定舍不得，就故意拿话激营长。

"我亲自给他打电话，他还能不放人？"秦常贵问。

"嘿嘿，营长有所不知，小黄是我们连的通信主力，少了他不行啊！"果然，电话里的万福来跟营长磨叽上了，"对了，我们连部还有两个通信员，你看……"

"万福来！"营长一听火了，"我好歹是个营长，跟你要个人，你啰唆那么多干什么？这是命令！"

"是！"万福来也是急出一头汗，要把小黄调走，别说他舍不得，连里上上下下谁都舍不得，"营长你看这样行不行，小黄算是借用到营部，等五圣山战役打完了，营部再把人还给六连，到时候你……"

"到时候我提拔黄继光到六连接替你当连长，这样你满意了吧！"营长接过话来，气呼呼地挂了电话。

正当万福来纠结万分的时候，突然接到命令，由六连长万福来带一个排，采取夜间奇袭的方法，把盘踞在上甘岭左前方、地处运输要冲的无名高地拿下，借此打乱敌人的前沿运输，摸清敌人阵地的设防情况。

任务当前，营长那边要人的事正好拖一拖，万福来当即决定带上黄继光和二排的班长们先去阵地侦察一番。夜幕降临，探照灯的光柱晃来晃去，还不时有曳光弹升空。侦察小队出发了，黄继光戴上树枝编的伪装圈，挎着冲锋枪，紧紧跟在连长后面。入秋了，夜晚的山风送来阵阵凉意，他们小心地躲避着敌人的探照灯，一边探路，一边侦察。

无名高地附近有一个名叫金谷里的村庄，村后便是连接敌人东西阵地的公路。这一带黄继光走过几回，前一阵敌人在这里大量施放烟幕，想必山头上修了不少地堡和火力点。

前面就是无名高地了。借着曳光弹的光亮，可以看到高地四周布满了铁丝网，上面吊着一颗颗照明雷。铁丝网后面的山坡上鼓起许多大土包，每个大土包四周又围着许多小土包，这就是敌人的地

堡群。

黄继光发现，左面山坡的凹部里，有一个黑影在晃动，应该是敌人的哨兵。后面传来"轰隆轰隆"的汽车马达声，敌人还在忙着赶运弹药。

"注意隐蔽，仔细观察，记住铁丝网、地堡的位置！"黄继光在山坳里匍匐前进，小声传达着连长的命令。

侦察工作还算顺利，连长万福来和几个班长把情况汇总了一番，唯独哨兵右后方那个黑乎乎的突出物没弄清是什么，是碉堡还是仓库？这对夜袭影响很大，万福来拧着眉头左思右想。

"连长，让我去侦察一下吧，那个地方我很熟！"黄继光爬过来请示道。

"有哨兵，不好接近。"万福来回头看了看他，很担心安全问题。

"我有办法，可以从后面绕……"黄继光边说边比画着。

"嗯，千万要当心！"万福来迟疑了片刻，最后下了决心。

"是！"

黄继光立即转身，朝着铁丝网匍匐前进，到达后，再顺着铁丝网向那个黑色突出物接近，就要到时，哨兵突然大喊一声，好像发现了什么，端起枪，一步一望地朝他走来。

　　"糟糕！被发现了？"黄继光压住慌乱，悄悄爬进旁边的草丛里。

　　除了风声，四周一片宁静，哨兵的脚步越来越近了。黄继光掏出匕首，要是真被发现了，就直接扑上去把他干掉！此时此刻，他感觉心都要蹦出来了，死死盯着哨兵的一举一动，眼看就要走到他跟前了。

　　就在这千钧一发之际，哨兵停了下来。原来，是风吹树叶发出的响声，引起了哨兵的注意。黄继光眼珠一转，何不将计就计？他轻轻伸出手，把小树微微地摇动了几下。哨兵一惊，连连倒退几步，哗啦一声推上了枪机。黄继光继续摇，树枝摆来摆去，哗啦哗啦不停地响。

　　哨兵立在原地看了一会儿，大概明白了，今晚风大，树枝摇晃得厉害，于是伸了伸懒腰，扭头回去了。这可是难得的好机会，黄继光赶紧跟上去，把黑色突出物看了个一清二楚：这是一座伪装起来的暗堡，有3个射击孔正对着攻占小无名高地顶端的必经之路。黄继光将暗堡前前后后都探查了一遍，又把它和其他碉堡间的距离作了估计，然后迅速返回了原地。

万福来听完他的汇报，悬着的心终于踏实了，暗暗嘀咕，怪不得营长想挖人，这个小黄真是样样在行！

3天后，夜袭无名高地的战斗打响了。经过一整晚的激战，六连的战士们取得了胜利。全营上下人心振奋，士气大涨。

"不错，任务完成得非常好！"营长秦常贵专门去六连看望二排的战士们。

这一次，黄继光又是表现出色，不仅送信迅速、准确，中途又顶替受伤的卫生员救下了好几个战友，止血、包扎都像模像样的，最后还缴获了一挺敌人的机枪，神气十足地扛了回来。

"咱们的小黄确实是块好钢！"秦常贵说着，笑呵呵地拍了拍黄继光的肩膀。

"那是，也不看看是谁带出来的兵！"万福来有些得意。

"难怪参谋长说你抠，要是换了我，我也舍不得！"秦常贵又转过来对万福来说。

听了这话，万福来真是苦不堪言。他早就料到，挖走黄继光是参谋长出的主意，这个家伙，真想当面挖苦他几句。

"咦，参谋长今天怎么没来？"万福来没好气地问。

"老万，你就直说吧，给还是不给？"秦常贵没接他话茬，单刀直入地问道。

"怎么能不给。"万福来心想，营长这都亲自上门要人了，哪还有不给的理由，悻悻说道，"舍不得归舍不得，可这也是工作需要嘛。"

"小黄，营部工作很重要，你的责任也就更重了，你要加倍努力。一个青年团员不论在什么时候，都要走在前面。"走之前，指导员冯玉庆把黄继光叫到了跟前。

"指导员，你放心，不管到什么地方工作，我都不会给我们六连丢脸的。"黄继光有些伤感，他真舍不得离开六连。战友们也都舍不得，把他送出去好远。

"小黄，你一走，我们炊事班就少了半个炊事员了！"

"小黄，你'高升'了，可不能忘了'娘家'哟，以后要常回来！"

普通一兵

调到营部没几天，黄继光就把营部的人都认熟了，各个连的位置也一一记在了脑子里。营部阵地防御工事不像前沿阵地，除了指挥所是一个敞口坑道外，大都是掘开式掩体和防空洞，分散隐蔽在各个角落。

掩体经不住炮弹袭击，因此每当敌机敌炮轰袭的时候，人员都必须躲进防空洞。黄继光每天都早早地把指挥所收拾干净，备好足够的饮用水，然后到各掩体传达当天的任务和要求。来回路上他也不闲着，随时留意着敌机敌炮的袭击时间，并及时通知大家转移到防空洞。

调到了营部的小黄还是闲不住，有时电话线断了，电话员忙不过来，他就冒着炮火去接线。到了晚上，他就更忙了，转运弹药、食物，接送伤员、烈士，供应来往人员饮水，指挥疏散人群防空防炮，哪里忙，哪里就有他的身影。

一天下午，营长秦常贵要带着他去一趟团指挥所。黄继光折回一大捧树枝，对营长说："营长，敌人对这条路封锁得很紧，我们做一些伪装吧。"

黄继光往营长身上插满了树枝，然后又从头到脚看了一圈，上上下下都检查了一遍。出发了，营长在前，他紧跟在后，快到中途的一个转运站时，敌人的定点炮击开始了，他们只得停下来，钻进一个放弹药的洞子里坐着等。

"小黄，"秦常贵把黄继光往洞里拉了拉，问他，"你到营部工作有一阵了，有没有什么意见？"

"没意见。"黄继光回答。其实他心里还是羡慕那些在班里的战友，他们总能面对面地和敌人拼。黄继光略显失落地低下头去，气氛突然间变得沉闷了。

"我知道你在想什么。"秦常贵拍了拍黄继光的头，"你想多杀敌人，这是对的！但是，作为革命战士，应该站得高，看得远，通观全局才行。要自觉地把上级交给你的任务同整个战争的胜利联系起来。"

"我明白！"黄继光抬起头来，大声说，"我明白，要服从革命需要！"

秦常贵点点头，从衣服内兜里摸出一本书，红色的封面上印着5个醒目的大字：为人民服务。

"这是毛主席写的书。"他将书递到黄继光手里，"为纪念一个警卫战士写的。"

"一个警卫战士?"

"对，他叫张思德。"

黄继光一边翻书一边听着营长介绍，张思德是参加过长征的一名普通的红军战士，当革命需要他到前线杀敌时，他就奋不顾身，冲锋陷阵，在一次反"六路围攻"的战斗中，他右腿先后两次负伤却强忍剧痛，冲入敌阵，缴获了敌人两挺机枪。后来，因为腿疾，他不再适合上前线，组织就把他留在后方烧炭，他仍然埋头苦干，毫无怨言。1944

年9月5日，张思德带领战士们在陕北安塞县挖窑洞，遭遇塌方，危急时刻，张思德奋力将战友推出洞外，自己却被埋在了窑洞里。

黄继光合上书，若有所思，继而问道："营长，这本书能借给我吗？"

"这本书就送给你了！它会告诉你，一个真正的战士，应该怎样去战斗。"

"谢谢营长，我一定好好学习！"

"对了，你看过《普通一兵》那部电影吗？"秦常贵突然问。

"看过，在机枪连的大坑道里看的。"黄继光的脑海中还能清晰地浮现出当时的情形：一台16毫米的小型放映机，一块白床单挂起来充当银幕。银幕前挤满了战士，自己就站在中间，看得热血沸腾。

电影开头是苏联红军司号员吹着嘹亮的军号，一个军官手拿花名册，对着全副武装的战士大声喊着一个人的名字，所有战士都齐声高喊——马特洛索夫在卫国战争中光荣牺牲了。里面有很多战斗场面，苏联红军战士表现得非常勇敢。在一次大规模的反击战中，苏联红军向敌人阵地发起了冲锋。突然，一座敌堡以猛烈的火力阻止了红军的前进，许多战士倒下了。就在红军指挥员万分焦急的时候，只见马特洛索夫灵活机动地接近敌人碉堡，突然跃起，扑向了敌人的机枪口……

"看了这部电影有什么想法？"

"想法……"黄继光想了想，说道，"那个叫马特洛索夫的红军战士真勇敢，他的年龄跟我差不多，年纪轻轻就成了全苏联的英雄。"

"因为他为祖国献出了自己的生命！每个战士都应该有这样的决心。"秦常贵留意着黄继光的表情，继续说，"小黄同志，我问你，要是你碰到那样的情况，你会怎么做？"

"我也会和他一样！"黄继光不假思索，脱口而出。

"你真有这个决心吗？"

"真有这个决心。"黄继光说着就站了起来，眼睛里闪着亮光，"不信，你弄挺机枪放在那儿，叫我去试试。"

"傻小子，这能试吗？"秦常贵笑起来了，继而又恢复了严肃，"小黄，敢拼敢冲是对的。但是，不到紧急关头，千万不能贸然行事。既保存了自己，又消灭了敌人，这才是最好的方式。你明白了吗？"

黄继光点点头，跟着营长继续赶路。他跟在营长的后面，边跑边看，留意着炮弹出膛的声音。秦常贵发现这个通信员一会儿在左，一会儿在右，总是和自己离得很近。

"小黄，你要离我远一些，不然敌人一炮打倒两个。"

"不要紧。"黄继光说，"我的职责就是要保护你，再说了，这些山路我比较熟。"

两人走到一个山坳后面，黄继光突然拉住了营长。

"营长，得停一停，敌人要开始打炮了，一会儿上了山就不好隐蔽了。"

"你咋知道？"

"我每天送信，太阳一挂上那个树梢，排炮就打过来了。"

果不其然，只听"呜"的一响，一排炮弹出膛了，不等二人反应，耳边就响起了震耳欲聋的爆炸声，一股气浪排空而来，弹片呼啸着从他们的头上飞过。黄继光一个箭步把营长扑倒在地，用自己的身体去掩护营长。紧接着，又一排炮弹在他们身后爆炸了，泥土落了黄继光一身。

排炮过后，黄继光才赶紧起身，秦常贵爬起来一把拉过他，前前后后仔仔细细地查看了一番，关切地问："没打着吧？"

"你知道吗？你刚才这样做，相当危险！"秦常贵情绪激动地说，"你顶得住炮弹皮吗？"

"没关系。"黄继光说，"你是首长，你要指挥几百人打仗，我是你的通信员，必须保护你的安全。"

祖国的来信

"来信啦！快到连部去拿。"

一听来信了，战士们都欢呼着从班里跑了出来。正巧黄继光来连里办事，就帮着战友一起抬邮包。

每隔一段时间，连队就会收到来自祖国各地的信件和慰问袋。华东地区寄来的多数是毛巾啊背心啊，还有牙刷、日记本等日用品，而西北地区的姑娘们就会亲手制作手帕和荷包，上面除了狮子蝴蝶各种图案，还会绣上"参军光荣""抗美援朝"等字样，有的荷包里还装着这个姑娘的通信地址。

这些信件和慰问袋，很多都没有收件人，寄到连队时已经破损不堪了，毕竟，那是长途跋涉、几经辗转，好不容易才到了连队的。每次来信，大家都像过年一样热闹，你看看我的，我翻翻你的，彼此分享着远方亲人的思念。

"吴三羊！有你的信，上海来的。"

"嘿嘿，这是一个上海的小朋友。"吴三羊喜滋滋地掏出信来。

"咦？黄继光……"负责分发信件的战士把信递过去，"你的信怎么还往我们六连寄？"

"我调到营部，家里还不知道呢！"黄继光把信摊在手上，来回端详着。

"亲爱的三羊叔叔……"吴三羊大声念着，遇到不认识的字就得停下来问廖武，"你们看，这个小朋友，偏要喊我叔叔，我都写信给他说过了，你不要喊我叔叔，因为我比你大不了多少。"

念着念着，又不认识了，廖武一把抓过信来："你这样读，要读到啥时候？还是我来读吧！"

"收到你的来信，真把我乐得跳了起来。听说是朝鲜前线的来信，班里的同学都争着要看。你不知道，我等这封信等了好久啊！收到志愿军叔叔从前线寄来的信，是一件多么光荣的事啊！大家你抢我夺，谁也看不成了，结果，还是由老师来读……"

"现在，我寄给叔叔一本日记本，请把立功事迹写在上面……"

本来高高兴兴的吴三羊这下发愁了，他为难地看着黄继光："我怎么给这个小朋友写回信呢？你倒是立了三等功，我还没有，哪有啥立功事迹。"

"等打完这一仗吧！"黄继光出主意说，"这一仗打过了，再给他回信。"

然而，谁也没料到，这一仗过后，吴三羊再也不能回信了，他和黄继光都在战斗中光荣牺牲，献出了年轻而宝贵的生命。自从参军以来，黄继光和吴三羊除了参加训练和战斗，也学了不少文化，阅读和写字的障碍基本扫除了。黄继光的那封信是妈妈寄来的。到了前线之后，日夜忙碌的黄继光很少给家里写信，倒是妈妈经常托人写信给他。妈妈在信里说，希望自己的儿子早日当上英雄，为家乡争光，还问他上前线杀死了多少敌人。他觉得不好向妈妈交代，自己一直在当通信员，没法冲锋杀敌，虽然立过一次三等功，可离当个英雄还早着呢！

　　"黄妈妈都说了些什么？"吴三羊好奇地问。

　　"家里的，乡里的，关心的话，鼓励的话，都有。"黄继光边看边说，和吴三羊一样，遇到不认识的字就偏过头去问廖武。

　　邵赞班长今天一下收到3封信，两封是慰问信，另一封是他老婆写来的。

　　"你们知道吗？我的家乡修了一个水力发电站呢，现在，到处都点电灯了，我家也有！这灯一亮呀，他们都高兴得睡不着觉。"

"你咋知道得这么清楚？"一个战士问。

"一定是他老婆来信讲的。"黄继光打趣道，"班长，你老婆的信，敢公开公开吗？"

"那有啥不敢的，拿去看，我马上还要写信批评她呢！"邵赞一副生气的样子。

"你为啥还要批评人家？"黄继光问。

"你看了就知道了。"

黄继光摊开信纸，逐字逐句地读了下去，原来，信的最后有这样一段——

"如若你开到后方休息，千万来信告诉我，我准备秋收以后去看你一趟。望你立功当英雄……"

"你看，"邵赞抓住了理似的说，"我不批评她批评谁？还想来看我一趟，不光影响了生产，还要花路费。这又不是在祖国，坐着火车可以到处跑，有街道，有门牌，有个村名庄名。我们现在住的都是坑道，说坑道她也不懂，就是到了我们的洞口附近，她也找不到我。简直就是胡闹嘛！"

"班长批评她，其实是爱她哟！"大家哄笑起来。

被笑声环绕的黄继光显得心事重重，他想起小珍妹子了。他并不知道，离开发财垭那天，小珍妹子就在送行的队伍中，依依不舍地望着他。她也不知道，火元子哥哥多想收到小珍妹子的来信啊，当兵之后，两人越来越远，现在已经是相隔千万里了。不知道她现在在哪里，过得好不好，他真想写信告诉她，大战就要来临，祖国需要他挺身而出的时候到了，他想告诉她，他已经写好了入党申请书，他必须在战火中经受考验。他还想告诉她，他的思念……

大战当前，黄继光暗暗下了决心：一定要以实际行动来打击敌人，保卫祖国建设和世界和平。在紧急关头，在祖国需要时，不怕牺牲自己的生命！

05

浴血上甘岭

临战宣言

仲秋的五圣山，山风呜咽，寒气袭人。1952年10月14日凌晨5点开始，震耳欲聋的炮声打破了夜空的沉寂。敌军在飞机、坦克和大炮的掩护下，陆续投入6万多兵力，与我反复争夺上甘岭高地，不到4平方公里的战场上，每天都有数不清的炮弹落下，岩石被炸成粉末，山峰被削成秃顶，标高降低了两米多，战斗异常惨烈。

上甘岭，这个坐落在深山里原本安静祥和的小村庄，彻底被战火笼罩。闻名世界的上甘岭战役就这样开始了。

坚守在上甘岭西南597.9高地和东南537.7

高地北山两个阵地上的部队，就是黄继光所在的第十五军三十四师一三五团。在这两个狭小的阵地上，每秒钟落弹6发，表面阵地野战工事几乎全部被摧毁。敌军满以为我军阵地上根本不可能再有生物存活，没想到志愿军战士们不但活着，而且还在顽强地进行着阻击。

二营是这次战斗的预备队，坑道内一片紧张备战的气氛。黄继光不时跑到坑道口察看敌情，前沿阵地上每一声爆炸，每一片火光，都紧紧牵动着他的心。

"小黄，跟我去趟团部。"10月18日，战役打响的第五天，营长秦常贵接完电话就把黄继光叫了过来。

"是！"黄继光立刻背上营长的皮挎包、望远镜，提着冲锋枪出发了。

他们穿过敌人的炮火封锁区来到团部。洞里挤满了人，步兵指挥所，炮兵指挥所，还有装甲兵指挥所都在这里。各营干部到齐后，团长张信元开始分析战情。

"上甘岭的后侧就是中线战场最高峰五圣山，

上甘岭若失守，敌人居高临下，平康平原地区就可唾手而得，整个战线就要发生重大变化。597.9高地和537.7高地是上甘岭地区最突出的两个阵地，敌人选择在这个地区发动进攻，可以说是十分恶毒……因此，上甘岭阵地寸土必争，决不能丢!"

接着，团长向各营交代了具体任务。秦常贵刚从团部出来，黄继光迎上去头一句话就是:"营长，是不是要打反击?"

"快，回营部!"秦常贵笑了笑，不置可否。

根据作战计划，营长秦常贵留在营指挥所，参谋长张广生去六连直接指挥六连的行动。

"参谋长，你带我去吧，我保证完成任务。"黄继光知道后，马上向他请战。

"小黄，你做好战斗准备了吗?"张广生认真地看着他。

"报告参谋长，我已做好战斗准备!"黄继光声音洪亮地回答道。

二人到达六连主坑道时，全连已经集结完毕。参谋长张广生首先介绍了当下战情，接着提高了嗓音:"同志们，我们就要向敌人反冲击了!

团里派二营六连参加这次反击作战，任务是从597.9高地西北的山脚下打上去。"

张广生一边说着，一边走到沙盘前，指着597.9高地："具体任务是，先夺取六号阵地，再夺五号、四号，最后把零号阵地拿下来！"

他拿教鞭指向插着写有"零"字的小山包，加重语气道："零号阵地紧靠主峰，夺下它，就会缩短我们攻击主峰的冲击距离，减少伤亡，争取时间。但是，这里有一个非常强大的火力点，所以夺取零号阵地对整个反冲击的胜利是至关重要的，也是相当艰巨的。"

最后，张广生教鞭一挥，坚定地说："要不惜一切代价拿下零号阵地！我们的攻击时间是今天下午5点30分，随炮击开始行动。"

张广生话音刚落，六班长邵赞腾地站了起来，高举拳头："我向祖国人民保证，六班坚决完成任务！六班的同志们，能不能？"

"能！"六班战士一齐站起来，响雷般地回答道。接着五班、四班……都纷纷站起来表决心。

"报告！"黄继光高喊一声，走了出来。只见他左手拿着几面小红旗，右拳举过头顶，站到沙盘前面，庄严地说："我代表我们3个通信员保证，不管在什么情况下都按时传达上级的命令，哪里需要就到哪里。为了胜利，哪怕只剩一口气，也要把红旗插到我们的阵地上！"

说完，他拔掉沙盘上代表敌人占领区的小白旗，把手里的小红旗一一插了上去。坑道里爆发出一阵阵热烈的掌声和激越的口号声。

此时的坑道外，仍然是炮声隆隆，火光闪闪。张广生看了看表，反冲击即将开始……

10月19日下午5点30分，当落日与晚霞即将从山巅消失，3枚红色信号弹腾空而起，隐蔽在山沟、洼地的炮群怒吼了，火箭弹拖着火光，像一颗颗流星划过夜空，呼啸着飞向敌人阵地。

出击时刻到了，连长一声令下，全神贯注待命在坑道口的六连战士立即跃出坑道，随着我志愿军层层延伸的炮火，向六号阵地扑去。前行数百米之后，队伍涉入一条山沟。

这条山沟是抵达前沿阵地的唯一通道，两侧都是陡坡，又在敌人机枪的扫射之下，稍不小心

就会被子弹击中。队伍走走停停，每个人都小心翼翼。

黄继光跟在参谋长后面，一边戒备着周围的动静，一边留意保护参谋长。走着走着，部队又停了下来。

"黄继光，你到左边去查看一下路标！廖武，你去右边查看。"参谋长张广生命令。

约莫10分钟后，黄继光爬了回来。他找到了先遣小组用面粉留下的路标，得知这里离六号阵地已经不远了。却不见廖武返回，指导员冯玉庆顺着他去的方向找，却发现廖武被炮弹击中，两条腿都被炸断了，浑身是血。见到冯玉庆，他吃力地说："指导员，你别管我，赶快带部队前进，千万不能失掉战机！"

"你不要动，一会儿有担架来救你。部队现在暴露在敌人炮火下面，好同志，别作声，我先给你包扎一下。"冯玉庆说。

"你放心吧！我死也不会叫的。"廖武痛得直发抖，"我真窝囊……决心下得这么大……还没见到敌人就……"

得知廖武牺牲的消息，黄继光心如刀绞，难以遏制的复仇情绪令他攥紧了拳头，他暗暗发誓："鬼子们，等我冲上去了，一定要让你们加倍偿还！"

"冲！"预定攻击时间到了，连长万福来一声令下，六连分作两个小组冲了上去。张广生和黄继光留在后边观察战况。很快，六号阵地上传来一阵激烈的枪炮声，躲在地堡里的残敌还没来得及反应就被歼灭了。一枚红色信号弹升上了天空。

"六号阵地拿下！"黄继光高兴得跳了起来，大声向参谋长报告。

冒着炮火前进

首战告捷极大地鼓舞了士气，部队又以迅雷不及掩耳之势，向五号阵地发起了冲锋。从炮弹爆炸的火光中，黄继光看到担任第一突击班的六班冲在最前面，邵班长那高瘦的身影一会儿低姿跃进，端枪射击，一会儿又朝火力点奋力甩出几颗手榴弹……急剧的枪炮声渐渐变弱，五号阵地也发出了胜利的信号。

"小黄，走，上'六号'！"张广生摘下望远镜，大手一挥。

黄继光迅速跑上去，把六号阵地考察了一遍。他找到一个坚固的地堡，用石板、麻袋把门堵严实，只留一个观察孔，又用铁锹把枪眼挖成了一扇门。等参谋长和步话员赶到时，一个简陋的指挥所已经垒成。

枪声、爆炸声一阵紧似一阵。曳光弹在半空拖着火尾，山头的机枪不断地喷吐火舌。黄继光蹲在地堡门口，一边警卫参谋长，一边密切注视着四号阵地，枪声稀疏了，可胜利的信号弹却迟迟没有升起。正当黄继光纳闷时，敌人的火力骤然加猛。

此时，张广生皱着眉头，正在紧张地分析战情，四号阵地的敌人火力凶猛，特别是左边石壁上的机枪，居高临下对着五号阵地疯狂扫射。他猜想，六连指挥员正在考虑改变打法，目前要从正面硬攻，伤亡会很大。不，很可能已经有较大伤亡了。

"通信员！"张广生大喊道，"上五号阵地，通知六连连长、指导员，让他们组织几个小组，多头多路攻击，让敌人顾一顾不了二，顾此失彼。"

"是！"黄继光应了一声，刚转身走出地堡，张广生又嘱咐道："现在敌人炮火猛烈，注意隐蔽，动作要快！"

"首长放心，保证完成任务！"黄继光高声回答着，迅速向五号阵地跃进。

敌人的炮弹不住地往山梁上倾泻，企图阻断五号阵地与六号阵地之间的联系。黄继光在烟雾掩护下大步向前，猛然间，右脚掌一阵钻心的疼，原来是一块弹片刺破鞋底，扎进了脚板。他咬牙拔出弹片，甩到一边继续跑。

"小黄！"

黄继光扭头一看，是炊事班长李志义，正背着一个伤员步履蹒跚地走过来。他停住脚，帮着把伤员抬进交通沟。

"副指导员，副指导员！"黄继光认出了伤员，俯下身去，急切地唤道。

"阵地攻下没有？"副指导员终于醒了，他浑身是血，气息已经非常微弱了。

"副指导员！"看到副指导员醒来，黄继光悲喜交加，急忙说："我是小黄，我来传达参谋长的命令，要组织小分队，多头攻击。"

"对，多头攻击……快，快去！"副指导员推了他一把。

"你安心养伤啊！"黄继光眼含热泪站了起来。

黄继光冒着炮火继续赶往五号阵地，突然红光一闪，一排炮弹飞落在面前，炸起了一道火墙。他就势一滚，翻到塄坎下面，借着火光，他看明白六连为什么拿不下四号阵地了。

到达五号阵地后，黄继光向连长传达了参谋长的指示，又汇报了自己在塄坎下的发现和想法。

"好，太及时了！"万福来拍着黄继光的肩说，"来，大家商量一下对策……"

战斗部署立即开始实施：三排和二排的四、五班组成突击队，采取多箭头出击、多小组爆破的方法从正面攻击；六班长带一个小组，从五号阵地旁边的塄坎下向四号阵地侧面迂回，炸掉敌人石壁上的暗火力点。以迂回小组第一声爆破为信号，同时行动，两面出击。

"小黄，你回去报告参谋长，我们六连一定拿下四号阵地！"万福来斩钉截铁地说道。

"是！"黄继光真想留下来，领着大家从自己发现的侧面攻上去，然而，肩负的职责不允许他多作停留。他望了一眼自己曾朝夕相处的战友们，转身返回六号阵地。

"轰轰轰轰！"四号阵地上出现了连续爆破声。

"参谋长，快看，攻上去了！"黄继光欣喜地高喊道。

张广生急忙举起望远镜，信号弹升起来了！他看了看表，晚上 7 点 30 分！比预定时间长了些，这样一来，冲击零号阵地的时间就少了。

"通信员！"

"到！"

"上'五号'！快！"

"是！"

刚迈进五号阵地的坑道，黄继光就看见了邵班长，他浑身缠满了绷带，正躺在一副担架上。黄继光扑上去，连声喊："班长，班长！"

邵赞慢慢睁开眼睛，嘴唇微微动了动。黄继光赶紧解下自己的水壶，小心翼翼地往他嘴缝里倒了一点水。

"零号阵地……小黄……拿下……"邵班长艰难地伸出手，拉住黄继光。

"班长，你放心，零号阵地一定能拿下，我……"黄继光话没说完，只见邵班长头一歪，闭上了双眼。

"班长，班长！"黄继光大声呼喊着，邵赞已经停止了呼吸。

好像喉咙被死死堵住了，黄继光憋得透不过气来，满腔悲愤的他真想一屁股坐下来，痛痛快快地大哭一场。他没有那样做，即便胸中那团火越烧越烈，他只是噙着眼泪，心里默默地喊："班长，我一定要像你那样战斗！"

零号阵地紧挨着和主峰平行的十号阵地，是597.9高地的制高点，也是主峰的最后一道屏障。从四号阵地到零号阵地，只有一道山梁可以通行，山梁两侧都是悬崖绝壁，别说在枪林弹雨下，就是平时走路也得小心翼翼。四号阵地被志愿军占领后，敌人用数十挺机枪拼命封锁着这道山梁。

冲击零号阵地是从晚上 7 点 30 分开始的，现在已经到了 20 日凌晨两点了，可敌人的火力点还在疯狂地猛轰猛扫。

"增援部队已经出发，但你们应该主要靠自己的力量，赶在时间前面，拿下零号阵地!"团长指示。

张广生放下电话，"赶在时间前面"这句话分量很重，不能在这里等了，他决定带着黄继光火速前往四号阵地。

"最大的威胁就是那个中心火力点。它和前面 3 个小火力点组成了交叉火力网，山梁被密密实实地封锁住了。"连长万福来汇报时很激动，他说："我们组织的 5 次强攻都失利了，伤亡很大，现在，我们准备挑出 9 个战斗兵，把他们编进我连战斗作风最硬的'功臣第六班'，对零号阵地上的地堡进行爆破!"

"不论花多大的代价，天明以前一定要把零号阵地拿下来!"张广生坚定地说。经研究后，"功臣第六班"分为 3 组，依次上阵。

"第一组，上！指导员机枪掩护！"

第一组3个战士冒着敌人密集的火力出发了。他们刚在山梁上出现，几道火舌就交叉着向他们卷来，两个身影立刻像触电似的倒下了，另一个身影又向前冲了几步，也被击中。

"第二组，上！"万福来瞪着血红的眼睛喊道。

第二组接着冲了上去。他们挟着弹药包和爆破筒，嗖嗖嗖地穿过一道火网，刚要向大火力点靠近，小火力点喷出的火舌就将他们扫倒了。

"第三组！"万福来嘶哑的声音哽咽了，他一把扯下帽子，"给我上！"

第三组战士紧跟着冲了上去，转眼间，也英勇地倒在烟火腾腾、弹雨倾泻的山梁上……

只剩一个人了

望着倒下的9位英雄，黄继光若有所思。9位英雄倒下的姿态不同，位置不同，冲击的路线不同，远近也不同，每个人似乎都在告诉他："像我这样冲，只能冲到这里！"又似乎都在告诉他："要冲，就必须选好隐蔽物，选好冲击路线，选好时机！"

"让我上吧！"万福来对张广生说。张广生按住了他的肩膀："不行！你是指挥员，你的任务是指挥，攻下零号阵地之后，你还要带领同志们攻占高地。"

"调无后坐力炮上来，干掉它！"张广生大吼一声，"我就不信攻不下！"

无后坐力炮调上来了，对准地堡，"轰轰轰"连射三炮，没有命中。炮手正要调整再射，却被敌人的炮群发现了，一排排炮弹凌空飞来，顿时弹片碎石齐飞，硝烟和灰尘搅成一团。

就在这一瞬间，黄继光有了新的想法：借助炮弹爆炸形成的烟雾向前冲，再利用敌人的尸体和弹坑隐蔽，等炮弹再爆炸的时候再利用烟雾掩护，接近敌人火力点。

团长又来电话了，听完张广生的报告后，他下令必须抓紧时间，不惜一切代价，在天亮前尽快拿下零号阵地，为整个反击的胜利奠定基础。

"后援部队已经出发，但你们还是要想办法，依靠你们自己的力量，争取时间，争取时间！"

就要天亮了。张广生放下电话，望了望山梁，又望了望地堡，伸手大喊道："给我手雷，我就不信炸不掉它！"

"参谋长，把任务交给我吧！"黄继光沉着地说。

张广生转过身来，看着眼前这个目光坚定的小伙子，经过一年多的前线锻炼，当初的小机灵、急性子已经成长为一个有胆识、有智谋的优秀战士，是时候了。

他点了点头，殷切地盯着黄继光："小黄，我相信你。"

"我们和黄继光一起去！请首长批准！"吴三羊和肖登良也临危请缨。

"好！"张广生下达命令，"黄继光，我现在任命你为六连六班代理班长！"

"吴三羊，肖登良，一切行动服从黄继光指挥！"

"是！"

临行前，3人留下了身上的钢笔、日记本，还有珍藏的抗美援朝纪念章。黄继光解开衣扣，从贴身口袋里掏出了妈妈的来信，小心地交给连长万福来，又把身上仅有的10元钱和入党申请书交给了指导员冯玉庆。

"请首长们多保重！"

面对3个整装待发的战士，张广生心绪复杂，让他们参加这样残酷的战斗，实在有些于心不忍。3人是同乡，从小到大受尽了压迫和欺凌，刚刚土改翻了身就穿上军装，奔赴前线。在朝鲜一年多来，他们跟随部队出生入死，勇敢战斗，吃了不少苦，而私底下个个又都是那么活泼机灵，讨人喜欢……

可眼下战事紧迫，不能再犹豫了！

"出发！"张广生强忍泪水，声音沙哑地命令道。

3个战士庄严地向首长敬了个军礼，转身跑出了洞口。摆在他们面前的第一道难关是通过这道又窄又难隐蔽的山梁。黄继光拉过一具敌人的尸体，支在身前当作移动工事，一点一点往前挪着，随着一声声令人头皮发麻的闷响，子弹不断地打进尸体里。

"不行，这样太慢了，得想个办法冲过去。"黄继光心里琢磨着，突然，他用力一推，把尸体掀下了山坡。敌人马上对尸体进行跟踪射击。趁着这难得的空隙，黄继光赶紧跃进几步，跳进一个炮弹坑。利用这着险棋，3人总算是通过了山梁，滚进一条交通沟隐蔽起来。前方有3个火力点，左右各一个，中间那个在弹坑里。

"三羊掩护，我和登良先干掉左右两个火力点，然后我和登良掩护，三羊你冲上去干掉中间那个，注意，中间那个火力很猛，动作一定要快!"黄继光下达了命令。

"是!"

吴三羊端起冲锋枪开始扫射，黄肖二人利用弹坑和尸体隐蔽，飞快爬向敌人的火力点。趁敌人的火力还没来得及调整，两人分别从左右两个侧面迂回上去，将手雷塞进了射孔，随后，两人迅速向后滚动。

"轰!轰!"巨响之后浓烟升起，左右两侧的火力点被摧毁了。中间火力点的敌人大概是吓蒙了，机枪突然停了下来，趁这空当，黄肖二人端起冲锋枪一阵猛扫。吴三羊敏捷地跃出交通沟，奋力向中间火力点的大弹坑扑去，爆破成功！

现在，只剩下最后一个顽固的堡垒了。黄继光紧绷嘴唇，死死盯着不过30米远的中心火力点。只要翻过眼前这道石坎，越过一片马鞍形的开阔地，就能到达对面的陡坡，在那里，10来挺机枪从一个黑乎乎的洞口伸出，不断喷吐的火舌打得烟尘翻腾，土石横飞。

"班长，我没有手榴弹了！"肖登良突然喊道。

"我也没啦！"吴三羊也嚷了一声。

黄继光一怔，连忙摸摸自己身上，也只剩下两颗手榴弹了。任务还没完成，敌人可能反扑，怎么办？他沉思片刻，突然眉头一展："有了，我去捡些'铁甜瓜'来。"

"铁甜瓜"是战士们对美式手榴弹的称呼。不一会儿，黄继光就从敌人尸体上搜集了一小堆鸭嘴式手榴弹。肖吴二人格外兴奋，也要去捡。

"注意隐蔽，快去快回！"黄继光抬头望了望天，启明星已经升得很高了。

没过多久，肖登良抱着一抱手榴弹爬回来了。吴三羊也抱着手榴弹正往回爬，可是他爬得很慢，显出吃力的样子，看样子是负伤了，黄继光急忙上前接应。就在这时，肖登良大喊道："小心！"

黄继光回头一看，10来个敌人在机枪掩护下，正扑向吴三羊。

"火元子，不要过来，消灭他们！我……掩护！"吴三羊急得喊出了黄继光的乳名。

吴三羊伤势很重，已经站不起来了，只见他扶起冲锋枪，冲着反扑的敌人一阵扫射。黄肖二人趁机扔出手榴弹，炸死了七八个，活着的也一瘸一拐地退了回去。吴三羊停止射击了，头歪向一边，手指还扣着枪机。

"三羊，三羊……"肖登良爬过去抱起吴三羊，热泪唰唰地流了下来。

"炸掉它，一定要炸掉它！"黄继光噙着泪水，强忍着心中的悲痛，直勾勾地盯住那个中心火力点。

"对，炸掉它！"肖登良愤恨地喊道。

他俩把吴三羊的遗体移到附近一个弹坑里，随后回到石坎前，准备突破敌人的封锁，接近中心火力点。这时，指导员冯玉庆冒着炮火上来了。

"指导员，吴三羊牺牲了！"黄继光悲痛地说。

指导员伸手扶住黄继光的肩头，不知道说什么话才能安慰他们，3个人是从大山里一起走出来的同乡，情同手足。可眼下战事危急，容不得半点悲伤。

"现在离天亮不到半小时了，突击部队和增援部队都上来了，就等……"冯玉庆焦急万分。

"我们马上去干掉它！"黄继光不等指导员说完，迅速拔出一颗手雷。

"等等！"冯玉庆赶紧按住他，"我的机枪打坏了，你们到附近看看，能不能再找一挺，我来掩护你们！"

"我去！"肖登良转身爬了出去。

没过一会儿，一挺完整的机枪扛了回来，肖登良却栽倒在了机枪旁。他的腰、腿和左臂多处中弹，鲜血汩汩地往外冒着。黄继光赶紧掏出仅有的一条绷带，又从衣服上撕下两块布，为他包扎伤口。

"火元子,"肖登良有气无力地说,"莫管我,完成任务要紧……"

"登良,放心吧!火元子一定能完成任务!"此时黄继光目光炯炯,抿着嘴唇,仿佛回到了童年时代,我们又看到了那个从不放弃、倔强又勇敢的火元子,那个心中有一团火,永远充满力量的火元子。

现在,冲击敌人中心火力点只剩下黄继光一个人了。

永远燃烧的零号阵地

黎明即将到来,一秒也不能再等了。黄继光望着频吐火舌的中心火力点,又转身看了看肖登良。

"指导员,我去了!"黄继光轻松地说道,就像平时送信一样。

"好,去吧!"指导员冯玉庆也像平时一样回答。然后，他转身架起了机枪。

翻过土坎，一道刺眼的光柱扫过来，黄继光整个身子都暴露在了探照灯下，顷刻间，几条火舌交织在一起，向他袭来。黄继光猛然停住，趴下来不动了。

四号阵地上，参谋长张广生、连长万福来和赶来增援的战士们密切注视着黄继光的一举一动，每个人都屏住了呼吸。终于，探照灯熄灭了。

"小黄！"所有人几乎同时喊了出来。

黄继光一跃而起，又向前冲去。不好！敌人打起一串照明弹，整个阵地顷刻间被照得雪亮。参谋长刚松了一口气，霎时又紧张起来。黄继光再次完全暴露在中心火力点前面，几条火舌死死缠住黄继光，一簇簇土花、石花在他四周飞溅开来。

黄继光又一次卧倒。

土坎后面，冯玉庆瞪圆双眼，狠狠地射击着。可一挺机枪哪应付得了几条火舌，他索性左右横扫，试图分散敌人的火力，没想到，这一招还真管用，有的子弹飞进了中心火力点的射孔。敌人似乎也有所察觉，一股火力开始朝冯玉庆压了过来。

这一点点微妙的变化，细心的黄继光感觉到了。他抓住时机，侧身向敌人中心火力点连扔了两颗手榴弹。从连长万福来的视角看去，像是原地跃起又原地卧倒。这个举动令万福来大为振奋，他认为黄继光作出了眼下最恰当的选择——不仅能打击敌人的中心火力点，还能为下一次跃起冲击创造条件！

"轰！轰！"两声爆炸，敌人的中心火力点腾起一片烟幕。烟幕，多么难得的掩护！这是黄继光在关键时刻用智谋为自己创造的掩护。黄继光再次向前跃进，可他的动作变得缓慢而艰难，显然是在竭力克服着某种阻碍……

离中心火力点只有 10 米了。

距离敌人机枪射击的死角只有几步之遥了。

参谋长、连长还有指导员都紧紧盯着黄继光的身影，所有人都为他攥紧了双拳。顷刻间，手榴弹爆炸的烟幕已经散尽，敌人的探照灯又对准了黄继光，火力像狂风暴雨一般扫过来。

"卧倒！卧倒！卧倒！"张广生在心里大喊。

黄继光没有卧倒，他挺直了身子，在探照灯

的照射下，再一次将手雷投掷了出去。手雷飞出，亮光闪耀，真美啊！像要追随这道光亮一般，黄继光身体前倾，随后倒在了地上。

"轰！"随着震天动地的爆炸声，敌人中心火力点被硝烟吞没了。

冯玉庆心头一热，腾地越过石坎，飞身冲向前去。

四号阵地沸腾了，增援的战士们弓着身子，只等参谋长拔出手枪，下达冲锋的命令。就在这时，敌人中心火力点再次射出了子弹，开始显得慌乱，紧接着就疯狂起来，火舌在手雷炸起的烟尘中喷吐得越发凶猛。冲锋又受阻了！

扑倒在火力点一侧的黄继光却毫无动静，爆炸将他震晕了过去。在那之前，他的左腿断了，臂部、胸部、腹部都负了伤，鲜血止不住地往外淌。

猛然间，黄继光动了动身子，机枪的扫射声将他唤醒了。扭头看了看四周，神思恍惚的他瞬间清醒过来，他想起来了！刚才那颗手雷的确是扔出去了，扔向了敌人中心火力点，就在射孔中炸的，炸得很准，可为啥还在吐火舌？原来，这个火力点太大，他的手雷只炸塌了一半，还剩下一挺机枪在死命地吼叫。

黄继光想跃起冲上去，可是他已经没有力气站起来了，摸摸身上，手雷没有了，四周再也找不到一件可用的武器。火舌还在狂喷，子弹还在呼啸。

"不能让它再喷，不能让它再叫了！"

黄继光开始往前爬，紫红色的炮火映衬着他年轻的面孔，那是饱经战火洗礼的面孔，透射出坚毅和果断的面孔。现在，这个年轻人，他感到自己比敌人的火力更为强大，胸中的那团火令他整个人都燃烧起来……

"不好，小黄他——"张广生突然明白了，黄继光打算像英雄马特洛索夫那样做。他十分自责，刚才为什么没有下达冲锋令。同时，他也在心里狠狠责怪他的通信员小黄，已经把火力点炸去大半，眼下增援部队也到了，他完全可以原地不动，等待救援。

黄继光艰难地用胳膊支起身体，一点一点地接近地堡。终于，他抵达了火力点，那挺负隅顽抗的机枪就在他的正上方，他回头望了望，张了张嘴，石坎后面的战友们都为之动容，可惜，没人听得到他在喊什么。只见他手扶木桩，忽地撑起右腿，艰难地直起身来，然后，伸开两臂，像要拥抱什么似的扑向了机枪的喷火口！

正在喷射的火舌骤然熄灭。

机枪哑然失声。

这是凌晨5点的零号阵地。

参谋长张广生直愣愣地望着前方，满脸泪水。是他亲手给黄继光戴上了抗美援朝纪念章，鼓励他："去创造更大的光荣！"是他对黄继光说："一个革命战士，在战场上只能前进，不能后退……"

"同志们，冲啊！"指导员冯玉庆猛地跳起身，放开喉咙大喊。

"冲啊！为火元子报仇！"身负重伤的肖登良使出最后的力气站了起来。

"冲啊！为黄继光报仇！"参谋长和连长同时举起了手枪。

所有待命反击的战士们都目睹了这惊天一

幕，他们箭一般跃出战壕，嘶吼着，向零号阵地冲去!

红旗飘扬在 597.9 高地上空。黄继光敦实的身躯仍然扑在敌人的机枪前，高举的双臂牢牢抓着周围的麻袋，胸膛死死堵着枪口。

是的，零号阵地，火元子还在那里。或者说，那团火就那样一直燃烧着，永不熄灭……

06 尾 声

　　黄继光烈士的遗体是 4 天后才从阵地上运下来的，当时敌我双方正处于激烈的争夺战，六连用生命和鲜血换来的零号阵地，很快又被硝烟笼罩了，在这样的战斗态势下，要想将前方阵地上的烈士遗体运送回来，异常艰难。

　　4 天时间，黄继光的遗体已经僵硬，看上去就像是一尊大理石雕像，双目圆睁，透出一股英气，双臂高举，还保持着趴在地堡上的姿势。左肩挎着黄挎包，右肩挎着弹孔斑斑的水壶和手电筒，胸腔已被子弹打烂，密密麻麻的弹洞就像蜂窝一样。

　　在给黄继光的遗体穿新军服时，他高举的双臂怎么也放不下来，卫生员和几个战士一起用烫热的毛巾敷了 3 天，直到整个遗体都软和了，四肢也能扭动了，才为他穿上了崭新的中国人民志愿军军服。部队按照家乡风俗，为黄继光举行了简朴又庄重的入殓仪式，护送车缓缓启动，战士们鸣枪开道。

在上甘岭战役中，黄继光的英雄事迹对战士的鼓舞力量是无法估量的，我志愿军战士越战越勇，一个人打退敌人整排整连进攻的孤胆英雄不断涌现。第九十一团新战士胡修道就是突出的一位。他和他的战友从拂晓到黄昏击退敌人 41 次反扑，仅胡修道一人就歼灭 200 多个敌人。

金城战役期间，我志愿军第六十七军经 10 多个小时的激战，占领轿岩山，将守敌一个团大部歼灭。在攻占轿岩山的战斗中，该军五九五团一连战士、一级战斗英雄李家发，不顾自己 7 处负伤，毅然以身体堵住敌机枪工事射孔，为部队打开了冲锋道路，成为又一个黄继光式的英雄。

同为金城战役期间，第二十三军在石岘洞北战斗中，第二〇〇团战士、青年团员许家朋在双腿负伤和炸药失效的情况下，为争取整个战斗的胜利，他以黄继光为榜样，用自己的身体扑向敌地堡射孔，光荣牺牲。

为了表彰黄继光的伟大精神和不朽功绩，中

国人民志愿军政治部追授黄继光"模范青年团员"称号，志愿军第十五军党委追认他为中国共产党党员。志愿军为他追记特等功，并追授"特级英雄"称号。

黄继光的英雄事迹在朝鲜人民军和朝鲜人民中广为流传，朝鲜民主主义人民共和国最高人民会议常任委员会特别发布政令，追授黄继光"朝鲜民主主义人民共和国英雄"称号，颁发金星奖章和一级国旗勋章。

为了世代铭记黄继光的功勋和伟大的国际主义精神，朝鲜人民在五圣山巅一块耸立的石壁上，刻下了英雄黄继光的名字——"中国人民志愿军马特洛索夫式战斗英雄黄继光同志以身殉国永垂不朽"。在首都平壤的志愿军烈士纪念塔上，朝鲜人民也刻下了英雄黄继光的名字。黄继光，作为朝鲜民主主义人民共和国英雄，已经载入朝鲜人民军军史，融入朝鲜历史。

1953年4月，四川省人民政府命名黄继光所在的乡为"继光乡"，命名该乡的小学为"继光小学"。

1953 年 4 月，黄继光的妈妈邓芳芝出席全国妇女代表大会。会议期间，毛泽东亲切接见了英雄的母亲。

1954 年 12 月，在邓芳芝的支持下，21 岁的黄继恕继承哥哥的遗志，来到了朝鲜，成为第二十三军七十三师二一八团二营六连的战士，参与了朝鲜医治战争创伤、建设新朝鲜运动。黄继恕以哥哥黄继光为楷模，在一次执行任务中，为争取时间持续作业，长久浸泡在冰水中导致左肾坏死。为继承和发扬黄继光精神，黄家先后有 11 人参军入伍。

1962 年 10 月 20 日，中江县各界人士 5800 余人隆重纪念黄继光牺牲 10 周年，黄继光纪念馆正式开放，朱德、董必武、刘伯承、郭沫若、谢觉哉、何香凝等为黄继光烈士题词。

1982 年 10 月 20 日，中江县城关青少年学生、民兵、驻军、机关干部、职工 1700 余人在纪念馆内举行纪念黄继光烈士牺牲 30 周年大会暨英雄塑像落成典礼。邓小平亲笔为英雄塑像碑座题字"特级英雄黄继光"。

1987年10月12日，黄继光烈士牺牲35周年纪念日前夕，朝鲜平安南道艺术代表团40人访问英雄故乡中江县，并在中江县大会场为英雄故乡人民举行慰问演出。10月13日，朝鲜平安南道艺术代表团全体成员参观黄继光纪念馆，在黄继光烈士塑像前默哀致敬，敬献花圈。

1992年10月20日，中江县举行纪念黄继光烈士牺牲40周年纪念大会。县级机关干部、武警官兵、学校师生代表千余人参加。中江县委、县人大常委会、县人民政府、县政协、县人民武装部向黄继光烈士敬献花圈，少先队员敬献花篮并集体向烈士献词，100名少先队员放飞五彩气球，放飞100只和平鸽。

1996年，经中央军委批准，黄继光被列入在全军连以上单位悬挂的8个英模画像之一。

1997年10月20日，中江县举行纪念黄继光烈士牺牲45周年暨新馆落成10周年纪念活动。全县各界群众、青少年学生千余人以及黄继光的战友肖登良、胞弟黄继恕参加纪念活动。

2002年10月20日，中江县隆重举行特级英雄黄继光牺牲 50 周年纪念大会。四川省委领导出席纪念大会并讲话。黄继光生前部队首长，5 位中江籍将军和德阳市、中江县有关领导出席大会。四川省社会各界代表 5000 多人参加大会。

2006 年 10 月 20 日，中江县举行特级英雄黄继光牺牲 54 周年纪念活动。全县近千名群众参加纪念活动。向英雄塑像敬献了花篮，400 余名少先队员在黄继光塑像前庄严宣誓。

2009 年 9 月，黄继光被评为"100 位新中国成立以来感动中国人物"。

2012 年 10 月 20 日，中江县举行特级英雄黄继光牺牲 60 周年纪念活动。全县 2000 余名群众参加纪念活动。300 名少先队员、共青团员在黄继光塑像前庄严宣誓。

黄继光生前所在的连队，现为中国人民解放军空降兵某部六连，始终传承黄继光献身精神，牢记使命重托，沿着英雄足迹奋进在强军路上。该连新兵第一课是参观黄继光荣誉室，学唱的第一首歌是《特级英雄黄继光》，观看的第一部电影是《上甘岭》，照的第一张照片是和黄继光铜像合影，吃的第一顿饭是忆苦思甜坑道饭。每天晚点名第一个呼喊黄继光的名字，全连齐声答"到"。每逢外出执行重大任务，都会在黄继光铜像前宣誓，在"黄继光部队"的红色战旗上签名，表决心，永远继承英雄精神，永远像他那样——英勇战斗，奋不顾身！

黄继光像巍然屹立的五圣山，像滚滚奔腾的鸭绿江，永世长存！黄继光是中华民族的好儿子，他是一座丰碑，一直活在人们心里。

愿黄继光精神永远照耀世人。

后　记

　　本书按时间先后顺序分为五章，共计 22 个小故事，涵盖了黄继光童年、青少年和参军时期的重要经历，相对完整、全面地描述了黄继光的成长历程和英雄事迹。编写过程中，笔者参考《抗美援朝战争史》（军事科学院编／军事科学院出版社），《志愿军英模功臣烈士英名录》（总政治部组织部编／长征出版社），中国人民解放军挂像英模传记丛书《黄继光》（王小明／蓝天出版社），100位新中国成立以来感动中国人物《黄继光》（刘忠义、关勃、吕春琴等／吉林文史出版社），《黄继光的故事》（刘金星／中国社会出版社），《特级英雄黄继光》（司史武／解放军文艺出版社），上甘岭上壮烈歌《黄继光和他的战友们》（关静、张正忠／吉林人民出版社），《我的 1950 年代——上甘岭亲历记》(崔露/长江文艺出版社),少年红色经典《黄继光》(邱守华/21世纪出版社),战斗英雄故事《黄继光 邱少云》(上海人民美术出版社编)等。

在编写过程中,得到军事科学院军队政治工作研究院沈志华院长、崔连杰政委的大力支持,解放军党史军史研究中心郭志刚主任、曲宝林副主任给予了具体的指导和帮助。成稿之后,还请姜铁军、翟清华、张从田、武运鄂、褚银、康月田等多位专家学者进行了审读。

英雄已逝去多年,关于英雄的故事在流传过程中,难免存在情节有出入,甚至是相互矛盾的问题。秉持尊重历史、尊重人物原型的原则,笔者翻阅了大量文献资料。在此,要特别感谢四川省中江县黄继光纪念馆馆长涂琳女士,以及黄继光英雄连第37任指导员余海龙同志,他们热情相助,为笔者提供了许多翔实、珍贵、极具历史价值的图文资料,并对关键时间节点、重点细节进行了确认和把关,为本书的真实性和严谨性作出了贡献。

感谢书写英雄故事的前辈们,你们的辛苦付

出为本书的编写提供了重要帮助。在此，谨向关心和帮助本书写作的各位领导、专家学者，以及上述作者、编辑致以最诚挚的谢意！

编　者

2018 年 12 月

图书在版编目（CIP）数据

黄继光 / 军事科学院解放军党史军史研究中心编写组编著
. -- 北京：学习出版社，2019.5（2021.5 重印）
（中华先烈人物故事汇）
ISBN 978-7-5147-0910-0

Ⅰ.①黄… Ⅱ.①军… Ⅲ.①黄继光（1931-1952）—
传记 Ⅳ.①K825.2

中国版本图书馆CIP数据核字（2019）第091138号

黄继光
Huáng Jìguāng

军事科学院解放军党史军史研究中心编写组

责任编辑：张　俊　　　　　封面绘画：王腾飞
技术编辑：周媛卿　聂夏菲　　内文插图：韩新维
美术编辑：杨　洪　　　　　　组织绘图：上海志愿文化公司

出版发行：学习出版社
　　　　　北京市东城区崇外大街11号新成文化大厦B座11层
　　　　　（100062）
　　　　　010-66063020　010-66061634　010-66061646
网　　址：http://www.xuexiph.cn
经　　销：新华书店
印　　刷：北京盛通印刷股份有限公司

开　　本：787毫米×1092毫米　1/32
印　　张：5.375
字　　数：76千字
版次印次：2019年5月第1版　2021年5月第12次印刷

书　　号：ISBN 978-7-5147-0910-0
定　　价：21.00元

如有印装错误请与本社联系调换，电话：010-67081356